全球价值链下中国制造业升级的影响因素与动力机制研究

王 林◎著

QUANQIU JIAZHILIAN XIA
ZHONGGUO ZHIZAOYE SHENGJI DE
YINGXIANG YINSU YU DONGLI JIZHI YANJIU

中国财经出版传媒集团
中国财政经济出版社

图书在版编目（CIP）数据

全球价值链下中国制造业升级的影响因素与动力机制研究 / 王林著. -- 北京：中国财政经济出版社，2022. 8

ISBN 978 - 7 - 5223 - 1573 - 7

Ⅰ. ①全…　Ⅱ. ①王…　Ⅲ. ①制造工业 - 产业结构升级 - 研究 - 中国　Ⅳ. ①F426. 4

中国版本图书馆 CIP 数据核字（2022）第 126036 号

责任编辑：谷兴华　　责任校对：徐艳丽
封面设计：陈宇琰　　责任印制：党　辉

全球价值链下中国制造业升级的影响因素与动力机制研究
QUANQIU JIAZHILIAN XIA ZHONGGUO ZHIZAOYE SHENGJI DE YINGXIANG YINSU YU DONGLI JIZHI YANJIU

中国财政经济出版社 出版
URL：http：//www. cfeph. cn
E - mail：cfeph@ cfeph. cn

社址：北京市海淀区阜成路甲 28 号　邮政编码：100142
营销中心电话：010 - 88191522
天猫网店：中国财政经济出版社旗舰店
网址：https：//zgczjjcbs. tmall. com
北京财经印刷厂印刷　各地新华书店经销
成品尺寸：170mm × 240mm　16 开　12. 5 印张　180 000 字
2022 年 8 月第 1 版　2022 年 8 月北京第 1 次印刷
定价：62. 00 元
ISBN 978 - 7 - 5223 - 1573 - 7
（图书出现印装问题，本社负责调换，电话：010 - 88190548）
本社质量投诉电话：010 - 88190744
打击盗版举报热线：010 - 88191661　QQ：2242791300

摘 要

自改革开放，尤其是20世纪90年代以来，随着信息技术和物流技术的发展以及贸易自由化的推进，中国不断融入发达国家主导的国际分工体系，积极承接发达国家的产业转移，特别是自2001年加入世界贸易组织（WTO）后，中国与世界其他经济体的联系更加紧密。在这一过程中，中国的对外经济贸易规模，特别是制造业的进出口规模实现了持续快速增长，并且成为拥有联合国产业分类中全部工业门类的国家，成为全球经济贸易和制造大国。与此同时，中国制造业在国际分工中地位仍不高，参与国际分工和生产获取的附加值仍然较低。基于全球价值链（Global Value Chain，GVC）理论和实践的发展，结合当前中国进行的创新驱动发展战略，以及生产性服务业快速发展、双循环发展格局和国内供给侧结构性改革的推动，本书理论分析了全球价值链下制造业升级的影响因素和动力机制，并对影响因素进行实证检验。本书共分为8章：

第1章为绪论，阐述了研究报告的研究背景和研究意义、研究方法、研究内容和技术路线图及主要创新之处。

第2章为文献综述，重点梳理了有关国际分工理论和产业升级、全球价值链理论及全球价值链下制造业升级、全球价值链下的有关指标的测算和分解、全球价值链下制造业升级的影响因素和实证研究的文献，最后对文献进行总结性评述。

第3章为全球价值链下制造业升级的机理分析。结合生产要素特征和要素收益分配原理及制造业价值链分布曲线呈现的价值分布规律，提出制造业全球价值链升级的动力机制为占据价值链中的高增值环节，对价值链具有主导权，并具有较高的分工地位，同时这也是全球价值链下制造业升级的表现。高级要素因其稀缺性和专用性，其收益也较高，价值分布曲线的高增值环节通常也是以高级要素投入为主的环节，因此提出高级要素的集聚、自主培育和有效配置是全球价值链下制造业升级的主要影响因素。

第4章为基于UIBE GVC Index数据库和全球价值链指标的测算方法，对中国制造业出口增加值、出口国内增加值的规模和结构、制造业参与国际分工的方式、获利水平和GVC分工地位进行测算和分析，并结合要素密集度，对比了劳动密集型、资本密集型和知识密集型制造业以上各指标的差异。进一步结合王振国等（2020、2021）基于制造、市场、研发和管理的功能活动类型测算的制造业出口国内增加值和出口功能专业化水平进行描述性分析。

第5章结合当前的创新驱动发展战略，以及创新驱动所代表的知识和技术等高级要素投入的增加，进一步结合促进制造业高级要素集聚和培育的驱动价值链升级的机理，理论分析和实证研究研究与试验发展（R&D）及外溢对制造业GVC分工地位的影响，对劳动和资本密集型制造业及知识密集型制造业进行对比研究。并从产学研合作程度、创新投入转化的科技成果和经济成果数量的角度进一步分析和检验R&D对制造业GVC分工地位的影响机制。

第6章结合生产性服务业快速发展的现实以及生产性服务业高级要素密集的特征，进一步结合促进制造业与高级要素密集型行业融合驱动制造业价值链升级的机理，理论分析和实证研究制造业投入服务化水平对制造业全球价值链分工地位的影响，同时对比了不同的生产性服务化水平的影响以及制造业投入服务化水平对劳动和资本密集型制造业及知识密集型制造业的影响。然后，进一步对制造业投入服务化水平与制造业研发强度的交互项、制造业投入服务化水平与制造业在价值链中所处位置的交互项进行检验，以验证制造业投入服务化水平是否能通过改善制造业的研发创新水平的机制，以及制造业投入服务化水平是否有利于改善处在价值链不同位置制造业的要素配置方式和效率的机制影响制造业的 GVC 分工地位。

第 7 章结合当前中国的双循环发展格局以及国内的供给侧结构性改革，进一步结合制造业进行高级要素集聚和有效配置的驱动制造业价值链升级的机理，理论分析和实证研究僵尸企业数量和资产占比对制造业嵌入全球价值链的影响，并对比了其对不同贸易方式企业和不同所有制企业的影响差异。双循环发展格局下要充分利用好国内和国际两个市场，僵尸企业的存在所代表的国内资源的低效配置方式不利于制造业嵌入国际分工，而嵌入国际分工是集聚高级要素的主要方式。有效处理僵尸企业，进行供给侧结构性改革有利于通过资源的市场化配置和国内外市场的公平竞争，进而有利于更高水平的对外开放和集聚国外高级要素。

第 8 章为研究总结、展望与不足。

本书研究重点在于以全球价值链理论和实践为基础，结合要素收益分配原理和价值链的价值分布规律提出高级要素的集聚、培育和配置驱动价值链升级动力机制。结合以往制造业参与全球价值链分工的事实和特征，以及当前国内外的新发展格局和现实，从 R&D 及外溢所代表的高级要素培育和集聚，制造业投入生产性服务化的水平所代表的对高级生产要素的培育与配置，以及妥善处理僵尸企业进行供给侧结构性改革更好地集聚和配置高级要素的角度，应用严谨正确的研究方法理论分析和实证研究制造业 GVC 分工地位的影响因素及影响机制。本书的主要贡献体现在，进行了制造业全球价值链升级的理论分析和驱动机制分析，进一步结合国内外新的发展格局和形势进行制造业 GVC 分工地位的影响因素和影响机制分析，并结合制造业的要素密集度特征、生产性服务业的类型和企业的异质性特征进行异质性检验以提出有针对性的建议。

Abstract

Since the reform and opening up, especially since the 1990s, with the development of information technology and logistics technology also the promotion of trade liberalization, China has continuously integrated into the international division of labor system dominated by developed countries and actively undertaken the industrial transfer of developed countries. Especially since China joined the World Trade Organization in 2001, China has closer ties with other economies in the world. In this process, Chinese international economic and trade scale, especially the import and export scale of manufacturing industry, has achieved sustained and rapid growth. China has all industrial categories in the United Nations Industrial Classification and has become leading powers of global economy, trade and manufacturing. At the same time, the status of China's manufacturing industry in the international division of labor is still not high, and the added value obtained by participating in the international division of labor and production is still low. Based on the development of global value chain (GVC) theory and practice, combined with the current innovation driven development strategy in China, the rapid development of productive service industry, the double cycle development pattern and the promotion of domestic supply side structural reform, the research group theoretically analyzes the influencing factors and driving mechanism of manufacturing upgrading under the global value chain, and empirically tests the influencing factors. The report is divided into eight chapters:

Chapter 1 is the introduction, which expounds the research background and significance, research methods, research contents, technical roadmap and main innovations of the research report.

Chapter 2 is a literature review, focusing on the international division of labor theory and industrial upgrading, global value chain theory and manufacturing upgrading under the GVC, the calculation and decomposition of relevant indicators under the GVC, the influencing factors and empirical research of manufacturing upgrading under the GVC, and finally makes a summary comment on the literature.

Chapter 3 is the mechanism analysis of manufacturing upgrading under the GVC. Combined with the characteristics of production factors, the principle of factor income distribution and the value distribution law presented by the distribution curve of manufacturing value chain, it is proposed that the driving mechanism of manufacturing upgrading in the GVC is to occupy the high value-added link in the value chain, have the leading power over the value chain and have a high division of labor position. At the same time, this is also the performance of manufacturing upgrading under the GVC. Due to its scarcity and specificity, high-level factors also have high returns. The high value-added link of the value distribution curve is usually dominated by high-level factor investment. Therefore, it is proposed that the agglomeration, independent cultivation and effective allocation of high-level factors are the main influencing factors of manufacturing upgrading under the GVC.

Chapter 4 is the calculation method based on UIBE GVC index database and the GVC indicators. It calculates and analyzes China's manufacturing export added value, the scale and structure of domestic export added value, the way of manufacturing industry participating in international division of labor, profit level and international division of labor status. Combined with factor intensity, it compares the differences of labor intensive industry, capital intensive industry and knowledge intensive industry of the various indicators. Further, a descriptive analysis is made based on the domestic added value of manufacturing exports and the specialization level of export functions calculated by Wang Zhenguo et al. (2020 and 2021) based on the types of functional activities of manufacturing, market, R & D and management.

In Chapter 5, combined with the current innovation driven development strategy and the increase of investment in advanced factors such as knowledge and technology represented by innovation drive, and further combined with the promotion of the agglomerating and cultivating of advanced factors in manufacturing industry which is the driving mechanism of GVC upgrading to promote the agglomeration and cultivation of advanced factors in manufacturing industry. This chapter theoretically analysis and empirically research the impact of R & D also its spillovers (RDS) on the international division of labor of manufacturing industry. This chapter also makes a comparative study on labor intensive manufacturing, capital intensive manufacturing and knowledge intensive manufacturing. We further analyzes and tests the impact mechanism of R & D on the international division of labor of manufacturing industry from the perspective of the degree of industry university research (IUR) cooperation and the number of scientific and technological achievements and economic achievements transformed by innovation investment.

Chapter 6 combines the reality of the rapid development of producer services and the characteristics of high-level factor concentration of producer services, and further combines the mechanism of promoting the integration of manufacturing and high-level factor intensive industries to drive the upgrading of manufacturing value chain, theoretically analyzes and empirically studies the impact of the service oriented input of manufacturing industry on the division status of manufacturing in GVC. At the same time, it compares the differential impact of different productive service and the differential impact of manufacturing input service level on labor-intensive and capital intensive manufacturing and knowledge intensive manufacturing. We also further tests the interaction item between the service level of manufacturing input and the R & D intensity of manufacturing industry, the interaction item between the service level of manufacturing input and the position of manufacturing industry in the value chain, so as to verify whether the service level of manufacturing input can pass the mechanism of improving the R & D innovation level of manufacturing industry will affect the international division of labor of manufacturing industry. And whether the service-oriented level of manufacturing investment is conducive to improve the factor allocation mode and efficiency of manufacturing industry in different positions of the value chain will affect the international division of labor of manufacturing industry.

In Chapter 7, combined with the current double cycle development pattern of China and the domestic supply side structural reform, and further combined with the mechanism of manufacturing value chain upgrading driven by advanced factor agglomeration and effective allocation, theoretical analysis and empirical research on the impact of the number and asset ratio of zombie enterprises on the embedding of manufacturing industry into the GVC. It also compares the impact on enterprises with different trade modes and enterprises with different ownership. Under the dual cycle development pattern, we should make full use of the domestic and international markets. The inefficient allocation of domestic resources represented by the existence of zombie enterprises is not conducive to the embedded international division of labor in the manufacturing industry, and the embedded international division of labor is the main way to gather high-level factors. Effectively dealing with zombie enterprises and carrying out supply side structural reform is conducive to market-oriented allocation of resources and fair competition in domestic and foreign markets, and then conducive to a higher level of opening to the outside world and gathering foreign advanced factors.

Chapter 8 is the research summary, prospect and deficiency.

Based on the theory and practice of GVC, combined with the principle of factor income distribution and the value distribution law of value chain, the research report puts forward the dynamic mechanism of value chain upgrading driven by the agglomeration, cultivation and allocation of advanced factors. Combined with the facts and characteristics of the manufacturing industry's participation in the division of labor in GVC, as well as the current new development pattern and reality at home and abroad, from the cultivation and agglomeration of advanced factors represented by R & D investment and R & D spillover, and the cultivation and allocation of advanced production factors represented by the level of productive service of manufacturing investment, also from the perspective of properly dealing with zombie enterprises and carrying out supply side structural reform in order to better agglomeration and allocation of advanced elements, this report applies rigorous and correct research methods to theoretically analyze and empirically study the influencing factors and mechanisms of the international division of labor status of manufacturing industry. The main contribution of the research report is reflected in the theoretical analysis and driving mechanism analysis of the upgrading of the manufacturing in GVC. Also this report puts forward the target suggestions from the further analysis of the influencing factors and influencing mechanism of the international division of labor status of the manufacturing industry in combination with the new development pattern and situation at home and abroad, the factor intensity characteristics of the manufacturing industry, the types of producer services and the tests of the heterogeneity characteristics of enterprises.

目　　录

第 1 章　绪论　/ 1

1.1　研究背景及意义　/ 3

1.1.1　研究背景　/ 3

1.1.2　研究意义　/ 4

1.2　研究方法　/ 5

1.2.1　归纳演绎法　/ 5

1.2.2　指标分析法　/ 6

1.2.3　投入产出分析法　/ 6

1.2.4　实证分析法　/ 6

1.2.5　比较分析法　/ 6

1.3　研究内容与技术路线图　/ 7

1.3.1　研究内容　/ 7

1.3.2　技术路线图　/ 8

1.4　创新之处　/ 9

第 2 章　文献综述　/ 11

2.1　古典、新古典国际分工理论及制造业升级　/ 13

2.1.1　古典贸易理论与产业间升级　/ 13

2.1.2　要素禀赋理论与新结构经济学　/ 15

2.2　全球价值链及全球价值链下的制造业升级　/ 16

2.2.1　全球价值链的理论形成及定义　/ 16

2.2.2　全球价值链下的制造业升级　/ 19

2.3 全球价值链治理与制造业升级 / 22
2.3.1 全球价值链治理的主要内容和目的 / 22
2.3.2 全球价值链治理模式 / 22
2.3.3 俘获型治理模式下不利于制造业升级 / 24
2.4 全球价值链有关指标的测算 / 25
2.4.1 国家和部门层面的分解 / 25
2.4.2 企业层面出口增加值的分解 / 33
2.5 全球价值链下制造业升级的实证研究 / 34
2.5.1 制造业融入全球价值链的影响 / 34
2.5.2 全球价值链下制造业升级的影响因素 / 35
2.6 总结性评述 / 37

第3章 全球价值链下制造业升级的机理分析 / 39
3.1 全球价值链分工下的要素及收益 / 41
3.1.1 生产要素的定义及特征 / 41
3.1.2 全球价值链下的要素合作分工与收益 / 43
3.1.3 中国制造业参与国际分工的要素收益及特征 / 44
3.2 全球价值链下的价值分布与规律 / 46
3.2.1 微笑曲线 / 46
3.2.2 武藏曲线 / 47
3.2.3 元宝曲线 / 49
3.2.4 彩虹曲线 / 50
3.3 全球价值链下中国制造业升级的机理分析 / 52
3.3.1 全球价值链下制造业升级的定义及动力机制 / 52
3.3.2 依靠高级要素促进制造业的全球价值链升级 / 52

第4章 中国制造业参与国际分工的特征及GVC分工地位测算与分析 / 55
4.1 制造业总体的出口增加值规模、结构和国际分工特征 / 58

4.1.1　制造业总体的出口增加值规模及结构特征　/58
4.1.2　制造业总体的前向和后向分工参与度　/60
4.1.3　制造业总体的 GVC 分工地位　/62
4.2　不同要素密集度制造业出口增加值规模、结构和国际分工特征　/63
4.2.1　不同要素密集度制造业出口增加值规模及结构　/64
4.2.2　不同要素密集度制造业国际分工参与方式和 GVC 分工地位　/67
4.3　基于功能活动的出口国内增加值和出口功能专业化分析　/75
4.3.1　基于功能方式的出口国内增加值统计　/77
4.3.2　出口功能专业化的统计　/80
4.4　本章小结　/81

第 5 章　R&D 及外溢对制造业 GVC 分工地位的影响及影响机制检验　/83

5.1　引言　/85
5.2　理论基础与研究假说　/86
5.2.1　理论基础　/86
5.2.2　研究假说　/87
5.3　模型设定与数据来源　/89
5.3.1　模型设定　/89
5.3.2　样本和变量　/90
5.4　实证研究　/94
5.4.1　基准回归结果　/94
5.4.2　R&D 时滞效应检验　/95
5.4.3　稳健性检验　/97
5.4.4　异质性检验　/100
5.4.5　机制性检验　/106
5.5　研究结论与政策建议　/109

5.5.1 研究结论 / 109
5.5.2 政策建议 / 110

第 6 章 制造业投入服务化对 GVC 分工地位的影响及机制研究 / 113

6.1 引言 / 115
6.2 理论机制与研究假说 / 116
6.2.1 理论机制 / 116
6.2.2 研究假说 / 117
6.3 模型设定与数据来源 / 120
6.3.1 模型设定 / 120
6.3.2 样本和变量 / 121
6.4 实证研究 / 124
6.4.1 基准回归 / 124
6.4.2 内生性检验 / 126
6.4.3 稳健性检验 / 127
6.4.4 影响机制检验 / 129
6.4.5 异质性检验 / 133
6.5 研究结论与政策建议 / 136
6.5.1 研究结论 / 136
6.5.2 政策建议 / 137

第 7 章 僵尸企业如何影响企业嵌入全球价值链? / 139

7.1 引言 / 141
7.2 理论分析和研究假设 / 143
7.3 指标测算与典型事实 / 144
7.3.1 僵尸企业的识别、测算与描述 / 144
7.3.2 企业嵌入全球价值链指标测算与描述 / 147
7.4 模型设定与数据来源 / 148

7.4.1　模型构建与变量选取　/ 148
7.4.2　数据来源与数据处理　/ 149
7.5　实证回归结果　/ 149
7.5.1　基准回归结果分析　/ 149
7.5.2　内生性检验　/ 151
7.5.3　稳健性检验　/ 153
7.5.4　异质性检验　/ 154
7.5.5　影响机制检验　/ 157
7.6　研究结论与启示　/ 161

第 8 章　研究总结、展望与不足　/ 163

参考文献　/ 166

第1章

绪　　论

1.1 研究背景及意义

1.1.1 研究背景

20世纪80年代后，信息通信技术、物流技术的快速发展，关税水平的大幅下降推动了世界贸易自由化程度的进展，在此背景下，以发达国家大型跨国公司为主体的企业积极在全球寻求资源的最优配置，将产品的不同生产环节按照比较优势的原则在世界寻找最合适的生产区位，进行产品的国际分工和专业化生产。在这一背景下，中国凭借低成本的劳动力和资源优势、对外资企业的税收与用地优惠政策以及庞大的国内市场规模吸引了大量的外资企业到中国投资建厂，主要通过加工贸易参与国际分工的加工制造环节嵌入国际分工体系。在这一过程中，中国的对外贸易和制造业规模均实现了大幅增长，世界银行的有关数据显示，2020年中国进出口份额占世界的24%，2019年中国制造业增加值占比达28%。中国的高技术产品出口占比接近于发达国家水平（Hausamnn等，2006；Schott，2007；Rodrik，2006）。与贸易大国和制造大国总量规模居世界前列相伴而生的是中国制造业在国际分工中的地位不高，在国际分工中所获取的价值收益较低，中国制造业的发展不能被统计假象所迷惑（戴翔，2015）。制造业作为推动经济发展的“压舱石”，如何推动中国制造业转型升级，特别是在国际分工的背景下，如何提升中国制造业在全球价值链分工地位及增值能力是当前需要解决的问题。

近年来，中国参与国际分工的人口红利优势逐渐弱化，资源和环境负担越发加重，制造业发展面临新型的国内外发展格局。中国在当前的国际分工中面临发达国家“低端锁定”现象、发展中国家的挤出效应现象，同时以美国为首的发达国家在金融危机后提出重回制造业的发展战略，自

2018 年后对中国提出加征关税的贸易保护措施和技术封锁对我国制造业的发展均带来不利影响。而目前中国国内经济发展步入新常态，并在此背景下提出了创新驱动发展战略，进行经济的高质量发展，提出双循环的发展格局。并且，随着新一轮信息技术革命的快速发展，制造业的发展不断出现向数字化和智能化的方向推进，出现了一些新的组织运营和发展模式。那么，中国制造业在国内外新的发展格局和背景下，如何扭转在国际分工中的不利分工地位和格局，进而带动中国经济更好更快发展是需要研究的问题。当前的双循环发展格局仍强调要进行高水平的对外开放，更好地利用国际和国内两个市场，那么如何借助制造业的对外开放及参与国际分工推动制造业的转型升级和提升 GVC 分工地位成为重要研究问题。

1.1.2 研究意义

新的国际和国内发展格局下，制造业发展面临很多机遇和挑战，自特朗普当选美国总统后提出了许多不利于自由贸易发展的政策，如提高关税、控制移民和投资政策等，阻碍了全球化的自由发展。特别是 2020 年新冠肺炎疫情暴发以来，世界经济的发展受到一定冲击。但中国仍坚持对外开放的步伐，面临新的发展格局，习近平总书记在 2020 年提出“推动形成以国内大循环为主体、国内国际双循环相互促进的新发展格局”，“要全面提高对外开放水平，建设更高水平开放新经济新体制，形成国际合作和竞争新优势”，因此在当前国内外新的发展格局下，以制造业[①]为研究对象，研究制造业参与国际分工中影响其升级的因素和促进制造业升级的动力机制，基于所得研究结论结合当前国内外新的政治和经济环境，提出促进中国制造业转型升级的政策建议，这对于中国迈向更高水平对外开放，实现制造业全球价值链分工地位及国际竞争力的提升，推动中国经济的创新驱动和高质量发展具有一定指导意义。

自改革开放特别是 20 世纪 90 年代以来，中国不断加大对外开放力度，

① 制造业是中国经济的“压舱石”，《中国制造 2025》在开篇中即指出“制造业是国民经济的主体，是立国之本、兴国之器、强国之基”。

是发展中国家中吸引外资最多的国家，外资的流入带来了资金和先进的技术，与中国人口红利和资源优势相结合形成了较强的生产力和生产规模，也带动了中国经济的发展和GVC分工地位的提升。虽然对外开放和外资的流入带来了资金和技术，中国经济实现了资金积累和技术水平的提升，特别是2001年加入WTO后，中国经济发展和参与国际分工出现了由早先的劳动力为主向资金、技术和劳动力共同推动的转变，但总体而言中国制造业参与国际分工和经济发展仍属于要素驱动，这同当时的中国经济发展阶段是相吻合的。那么，在当前国内外新的发展格局下，制造业参与国际分工和经济发展动力应由要素驱动向创新驱动转型，在创新驱动发展战略下，制造业参与国际分工的要素应由一般劳动和资源投入为主向知识、技术、管理、品牌和营销网络等高级生产要素（高级要素）转变。本书在基于要素收益分配原理和价值链的价值分布规律特征的基础上，理论分析并实证研究了R&D投入所代表的研发创新的高级要素投入和中间产品进口的R&D外溢对GVC分工地位的影响及影响机制，理论分析和实证检验制造业投入高级生产性要素密集的生产性服务业水平对制造业GVC分工地位的影响及影响机制，理论分析和实证检验当前的供给侧结构改革对于优化资源配置，使制造业更好地参与国际分工以更好地形成对国外高级要素的集聚和配置能力的重要作用。本书的研究对于更好地进行创新驱动、经济高质量发展和高水平对外开放以及中国制造业在全球价值链中的转型升级具有重要意义。

1.2 研究方法

1.2.1 归纳演绎法

通过对国际分工理论、全球价值链理论及制造业升级的相关文献进行梳理，概括全球价值链下制造业升级的定义。结合要素收益原理及价值链的价值分布规律，归纳分析制造业全球价值链升级的影响因素及动力机制。

1.2.2 指标分析法

本书在以往有关全球价值链指标测算方法的基础上，结合 UIBE GVC Index 数据库对中国制造业出口增加值、出口国内增加值的规模和结构、参与国际分工的方式、出口获利水平和 GVC 分工地位指数等指标进行全面测算，并对 2000—2014 年中国制造业以上各指标的发展变化进行描述性分析。

1.2.3 投入产出分析法

基于世界投入产出数据库和中国投入产出数据库，构建投入产出技术中的里昂惕夫逆矩阵和高斯矩阵，并进行标准化处置后测算中国制造业国外中间产品进口行业间前向和后向 R&D 外溢；结合中国投入产出数据库测算制造业对总体生产性服务业和不同类型生产性服务业的投入水平。

1.2.4 实证分析法

本书借助 Stata15 分析软件，对全球价值链下 GVC 分工地位的影响因素进行固定效应（FE）回归、GMM 回归和 I V 回归分析，并通过中介效应模型和构建交互项进行影响机制的检验。

1.2.5 比较分析法

按照要素密集度将制造业划分为劳动、资本和知识密集型制造业，分别进行描述性分析不同要素密集度制造业参与国际分工的方式、收益及 GVC 分工地位，在实证部分对比分析 R&D 及外溢对不同要素密集度制造业 GVC 分工地位的影响，对比不同类型的生产性服务业对不同要素密集度制造业的影响，对比僵尸企业对不同贸易企业和不同所有制企业嵌入全球价值链的影响。

1.3 研究内容与技术路线图

1.3.1 研究内容

本书以全球价值链下中国制造业转型升级的影响因素及动力机制作为主要研究内容，结合要素收益分配原理和价值链的价值分布规律可知占据价值链环节中的高增值环节，对价值链条具有主导权和控制权意味着在价值链分工中具有较高的地位，并能获得较高的收益。因此，通过控制和占据高增值环节并获得高分工地位是全球价值链下制造业升级的动力。而高增值环节和价值链主导环节的实现离不开研发、技术、知识、管理、品牌和营销网络等高级要素的投入。结合要素收益分配原理，高级要素的价格和收益较高，因其专用性和稀缺性，通常高级要素也具有较高的进入门槛，高级要素的培育和投入有利于制造业在价值链分工中向高增值环节转移并拥有较高的分工地位。同时，高级要素的培育和配置离不开合理的体制机制环境，从而使其更好发挥作用。结合当前的创新驱动发展战略和生产性服务业快速发展的背景，本书理论分析和实证检验了 R&D 和外溢所代表的创新水平以及制造业投入的高级要素密集生产性服务业的水平对制造业 GVC 分工地位的影响。本书理论分析和实证研究了僵尸企业所代表的资源配置低效如何通过影响资源配置效率和扰乱市场公平竞争环境而不利于制造业嵌入国际分工，而在对外开放的背景下，嵌入国际分工集聚国外高级要素也是制造业价值链升级的方式。以上构成了本书的主要内容，具体安排如下：

第 1 章为绪论，阐述研究背景和意义、研究方法和内容、技术路线图和主要创新之处；第 2 章为文献综述；第 3 章为全球价值链下制造业升级的机理分析；第 4 章为制造业参与全球价值链的各指标分析；第 5 章和第 6 章分别为理论分析和实证研究 R&D 及外溢和制造业服务化对制造业 GVC 分工地位的影响及影响机制；第 7 章为理论分析和实证研究僵尸企业如何影响制造业企业嵌入全球价值链；第 8 章为研究总结、展望与不足。

1.3.2 技术路线图

本书研究技术路线如图 1.1 所示。

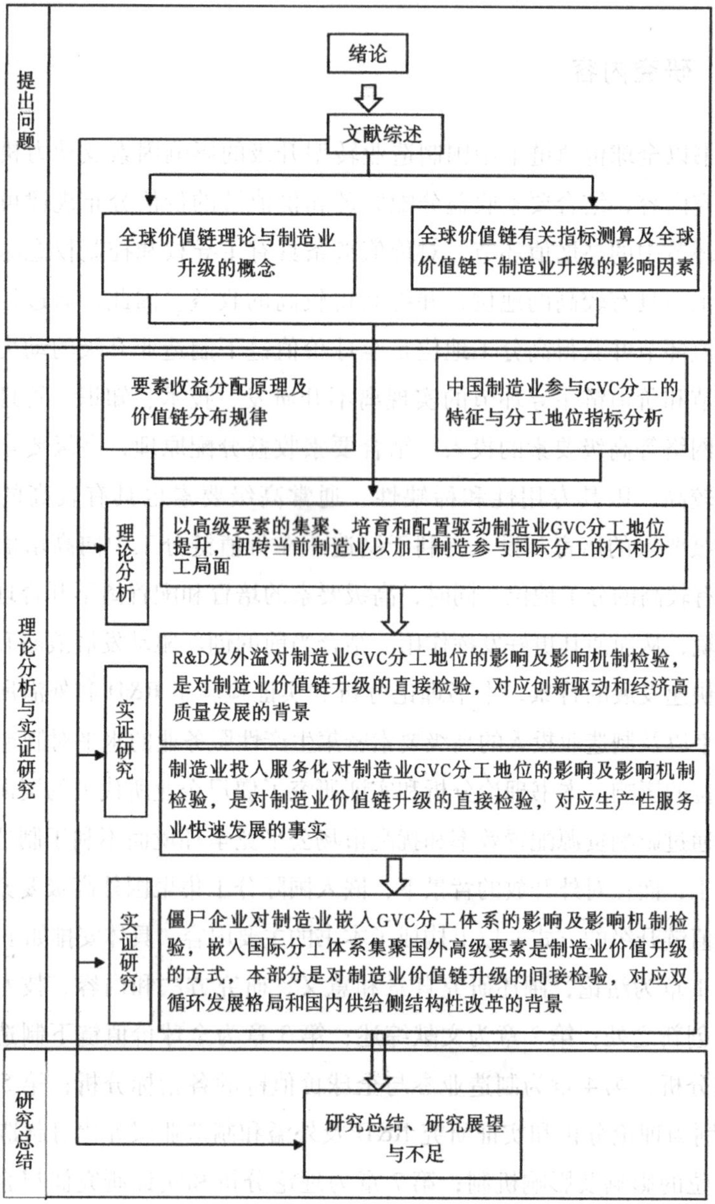

图 1.1 本书技术路线

1.4 创新之处

理论阐述制造业全球价值链升级的动力机制和影响因素。以往有关制造业全球价值链升级的动力机制和影响因素更多地进行了实证研究。本书结合要素收益分配原理和各价值分布曲线呈现的价值分布规律，提出依靠高级要素占据制造业的高增值环节，并实现对价值链的控制权和主导权，具有较高的分工地位是制造业进行全球价值链升级的动力，也是制造业全球价值链升级的表现。而高级要素的集聚、自主培育和高效配置是制造业全球价值链升级的主要影响因素。高级要素投入的增加将有利于中国制造业改变以加工制造嵌入国际分工的局面，实现向价值链高增值环节转移，有利于制造业 GVC 分工地位的提升。

结合理论基础、中国的社会经济现实背景和发展阶段提出制造业全球价值链升级的影响因素。结合要素收益分配原理，高级要素具有高收益的特点，高级要素投入多的环节通常在价值链中具有垄断性优势，具有较高的分工地位和收益，进一步结合当前中国进行的创新驱动发展战略、生产性服务业快速发展的现实及中国进行的双循环发展和供给侧结构性改革，而且创新驱动投入的 R&D 具有较多的知识和技术等高级要素，生产性服务业也蕴含着较多的知识、技术、管理和先进人力资本等高级要素。结合理论基础和现阶段经济发展特征，本书理论分析和实证研究了 R&D 投入的增加，生产性服务业快速发展下的制造业投入生产性服务化水平对制造业 GVC 分工地位的影响。双循环发展格局的推进和高水平对外开放的进行有利于对国外高级要素的集聚，国内的供给侧结构性改革和进行的市场体制机制建设有利于要素高效配置，更好形成对国外高级要素的集聚。结合这一社会现实背景，本书对僵尸企业代表的资源配置扭曲和国内外市场的不公平竞争如何影响制造业嵌入国际分工进行研究。

全面检验和分析各因素如何影响制造业 GVC 分工地位，并进行影响机制分析。本书对制造业国内 R&D 和国外中间产品进口的 R&D 外溢，以及行业间前后向关联的 R&D 外溢如何影响制造业 GVC 分工地位进行全面检验和分析；从产学研合作程度、科技成果和经济成果转换数量角度进行 R&D 对 GVC 分工地位的影响机制检验和分析。对制造业投入的总体服务化水平和投入不同类型生产性服务化水平如何影响制造业 GVC 分工地位进行全面检验和分析；从研发强度和制造业在全球价值链中所处分工地位进行影响机制的检验和分析。本书检验了僵尸企业数量和资产占比对制造业嵌入国际分工的影响，并从资源配置的角度和国内外市场公平竞争的角度进行影响机制的检验。

充分地进行异质性和稳健性的检验和分析，以提出更有针对性的政策建议和得到更可靠的实证研究结果。本书第 4 章的指标分析和后续各章的实证研究部分均进行了异质性分析和检验。对比、分析各因素对劳动和资本密集型及知识密集型制造业 GVC 分工地位影响效果的差异，以及对比、分析僵尸企业的存在对不同贸易方式企业和不同所有制企业的影响的差异，通过差异化的对比和分析有利于提出更有针对性的政策建议。本书实证研究部分通过多种实证回归方法进行稳健性分析和检验，实证回归结果更可信和稳定。

第 2 章

文献综述

全球价值链是在随着经济和技术的发展带来的国际分工不断深化和细化基础上形成的，国际分工带来了贸易，国际分工由产业间分工向产业内和产品内分工发展和演化，对应的制造业升级模式也不断发展演化。本章首先对古典和新古典国际分工和贸易理论及在此理论背景下的产业升级模式进行综述，然后对全球价值链理论的提出和形成的文献进行综述，在此基础上给出全球价值链下制造业升级的定义，分析全球价值链下制造业升级的动力机制、衡量指标及影响因素。

2.1　古典、新古典国际分工理论及制造业升级

2.1.1　古典贸易理论与产业间升级

国际分工和贸易是一个过程不可分割的两个方面，正如亚当·斯密最早在《国富论》中提出的分工可以提高生产效率创造收益，每个国家选择劳动生产率最高或生产成本最低的产品进行生产，并与其他国家进行交换，将使各国从国际分工和贸易中获益，即绝对优势贸易理论。但绝对优势贸易理论没有给出当一国（或另一国）在两种产品的生产上都具有绝对优势（或劣势）时如何进行国际分工和贸易，大卫·李嘉图在绝对优势理论基础上提出了比较优势理论，即一个国家在两种产品中选取劳动生产率优势较大或劣势较小的产品进行专业化分工和生产并进行贸易会使得各国获益，比较优势理论弥补了绝对优势理论的不足，并拓宽了国际分工的范围。

根据古典贸易理论，一国如果想从国际分工中获得更多的国际收益，则应进入收入更高的部门，构成产业升级的动力。这一理论对于一国内部的分工、收益与产业升级仍然适用。威廉·配第（Petty）早在 17 世纪初其著作《政治算术》考察中就发现产业间的收入存在差距，相比第一产

业，第二产业的收入较多，而相比第二产业，第三产业的收入更多，各产业间收入的差异会促使劳动力从低收入的产业部门流向高收入的产业部门。对于新兴经济体而言其第一产业劳动生产率最高，按照比较优势应更多进行农产品的生产并从中获益，劳动力无法进入收入更高的其他部门。因此，产业间劳动生产率的变化成为产业升级的前提。随着经济的发展，工业部门的劳动生产率超过农业部门，按照比较优势理论应专业化生产工业产品并获得更高的收入。当经济进一步发展到服务业的劳动生产率超过工业时，劳动力会更多地转至服务业。

美国经济学家约翰·贝茨·克拉克（Clark）通过调查40多个经济体劳动投入和总产出的资料，在其《经济发展条件》一书中总结出劳动力在产业间的流动规律，即随着经济的发展，劳动力总是从第一产业流向第二产业再流向第三产业，即配第—克拉克定理。对于经济发展水平不同的国家，劳动力在各产业的占比也不同。经济发达国家的第二和第三产业的劳动力所占比重较高，而在经济较不发达的国家，其第一产业的劳动力占比高。

在配第—克拉克定理基础上，西蒙·史密斯·库兹涅茨（Kuznets）1941年在其《国民收入及其构成》一书中进一步将产业划分为农业部门、工业部门和服务业部门。并根据20多个经济体的劳动力的产业间分布和国民收入的统计数据提出库兹涅茨法则，即：随着经济发展水平的提升，农业部门的国民收入占比和劳动力占比均会下降，且前者下降的程度超过后者；工业部门的国民收入占比不断提升，劳动力占比大体不变或略有上升；服务部门的国民收入占比大体不变或略有提升，但劳动力占比不断提升。德国经济学家霍夫曼（Hoffmann）针对工业结构的演变规律的研究提出了霍夫曼定理，他将工业划分为消费资料工业、资本资料工业和其他工业，虽然世界各国工业化开始的时间不同，但随着工业化的开展，资本资料工业所占比重不断上升并最终会超过消费资料工业的比重。

产业结构升级理论为各国发展哪种产业、产业结构的特征如何决定国民收入提供了理论依据，古典贸易理论为各国如何参与国际分工、生产并出口哪些产品、进口哪些产品提供了理论依据。国与国之间以及产业与产业之间均存在劳动生产率的差异，因此结合产业结构升级理论及比较优势理论，提升高收入部门的劳动生产率有利于后发国家利用比较优势理论实现产业结构升级。但比较优势理论并未给出出现劳动生产率差异的原因，因此国际分工如何形成、发展和变化也就无法把握。

2.1.2 要素禀赋理论与新结构经济学

在古典贸易理论的基础上，赫克歇尔（1919）和俄林（1933）提出了要素禀赋理论，即新古典贸易理论。他们将比较优势中的劳动力作为唯一的生产要素扩展到资本、土地和技术等多种生产要素。由于各国要素禀赋存在差异带来要素价格的差异以及产品生产成本的差异，各国更多地专业化生产本国丰裕要素密集型的产品将是有利的，因为本国丰裕要素的价格相比较而言更低，而生产本国稀缺要素密集型的产品则是不利的，因为本国稀缺要素的价格相比较而言更高，各国按照此原则进行国际分工和贸易则会实现获益。指导各国进行专业化分工或发展产业的原则由劳动生产率差异所导致的生产成本差异转为要素禀赋差异所导致的生产成本差异。

新结构经济学理论认为一国的经济结构是由其要素禀赋结构决定的，经济的发展主要由要素禀赋的变化所带来的产业升级［如由劳动力（或自然资源）密集型产业向资本密集型产业转变］和持续的技术创新所推动的。一国的要素禀赋在某一时刻是给定不变的，但是在整个历史发展长河中则是可变的，这就意味着一国的比较优势以及与此对应的最优产业结构是变化的，当一国的要素禀赋由劳动或资源丰裕转变为资本或技术丰裕时并带动产业结构升级，伴随产业结构变迁所需的软硬基础设施与此对应进行调整和变化才有利于经济结构的优化。对于一国而言，选择与当前要素禀赋结构所决定的具有比较优势的产业进行发展则是最具竞争力的，经济剩余最大，也能更好地实现资本积累和要素禀赋结构的升级。为更好地使企业选择其国家具有比较优势的产业，必须依靠良好的市场体制所决定的要素相对价格来反映要素的稀缺程度。

另外，产业结构升级过程也会带来一系列的影响，如产业升级过程伴随企业规模和市场规模的扩大，对资金需求增加；产业升级会使企业所面临的风险发生变化，对软硬基础设施的需求也有变化，如果基础设施无法同时做出调整和改变则会使产业升级面临各种 X－低效率问题（Leibenstein，1957），而基础设施的改变只依靠单个企业的力量是无法实现的，必须依靠政府的协调并改进基础设施，从而满足产业升级的新需要。

2.2 全球价值链及全球价值链下的制造业升级

2.2.1 全球价值链的理论形成及定义

2.2.1.1 价值链的提出

有关全球价值的研究最早可追溯到波特（Porter，1985）对企业行为和竞争优势的分析，他在《竞争优势》一书中首次提出了“价值链”的概念，一个国家内单个企业的竞争优势来自于企业的价值创造，企业的价值创造或增加的活动可分为基本活动和辅助活动，前者主要包括企业的生产、销售、运输和售后服务等，后者主要涉及人事、财务、计划和采购等。随着企业间生产协作的加强，企业内的价值链会拓展为企业外的包括供应商、企业和最终使用者的“价值系统”（Porter，1990），即将价值链由企业内的生产活动联系扩展到企业间。

2.2.1.2 价值增值链与产业价值链

寇加特（Kogut，1985）提出了“价值增值链”的概念，他在《设计全球战略：比较与竞争的增值链》一书中提出“价值链基本上就是技术与原料和劳动融合在一起形成各种投入环节的过程，然后通过组装把这些环节结合起来形成最终商品，最后通过市场交易、消费等最终完成价值循环过程”，单个企业可参与以上某一环节，也可参与所有环节，他不仅将该

"价值链增值"的概念用于企业全球竞争战略的分析，而且基于他的研究还可看出价值链活动的可垂直分离的特性，即企业可将生产加工、流通运输和市场销售等价值增值过程进行垂直分离并在世界范围内实现各环节的重组。由于不同环节所需的要素禀赋不同，发达国家的跨国公司以敏锐的"利润嗅觉"并结合对价值链上各环节形成的主导权将价值链中的不同环节在世界各国进行配置，一国企业在价值链国际化中的角色以及在价值链分工中的地位主要取决于该国的竞争优势。Kaplinsky（2000）提出了"产业价值链"，他指出由于价值链各个环节所需的要素资源存在差异，各个环节所创造的附加值也是不同的，并且每个企业所拥有的资源及能力均是有限的，企业会结合自身的竞争优势只聚焦于价值链的某一环节而把不擅长的环节进行外包，并与其他相关联且以共同利益为基础的企业形成以市场化分工协议协调的合作伙伴关系即为产业价值链。Arndt 和 Kierzkowski（2001）则使用"片断化"来描述生产过程的分割现象，同一价值链条的各个生产环节在全球进行垂直分离，并被跨界生产网络组织起来，跨界网络组织可以由单个企业组建，如企业进行跨国投资，母公司与海外子公司进行分工合作；跨界网络组织也可由多个企业分工合作完成，如将价值链条的某一或某些环节进行外包。

2.2.1.3 全球商品链

随着价值链的研究，一些学者结合产业组织理论以及早期的"商品链"[①]（Hopkins 和 Wallerstein，1986）的概念提出了"全球商品链"的概念，如 Gereffi 和 Korzeniewicz（1994）在价值链和商品链基础上提出了"全球商品链"（Global Commodity Chain，GCC），该理论观点在融合价值链和商品链思想的基础上侧重于从地理空间分布的角度进行研究，以最终产品的生产为目的形成跨国境的组织体系，并把不同地区、不同性质、不同规模的企业及政府、协会等机构集聚同一个生产体系中形成一体化链条，即为全球商品链，并规范系统地研究了企业在全球范围进行资源配置和价值增值的问题。但 Gereffi 等学者有关价值链及全球商品链的研究是主

① 商品链指最终产品的完成所需要的一系列劳动和生产流程的共同配合而形成的价值网络。

要围绕有形商品的概念进行的。

2.2.1.4 全球价值链的提出及定义

Humphrey 和 Schmitz（2000）认为“商品”的概念忽略了产品的差异属性和贸易属性，Gereffi（2001）从空间布局的角度指出商品链无法反映价值链条中价值创造、获取、分配的机制，也无法理清各环节之间如何相互作用。而且进入 21 世纪后，电子信息技术的快速发展促使 Gereffi 等学者意识到金融、物流和电子商务等生产性服务活动对有形商品的价值创造发挥重要作用，于是对原有的“全球商品链”的概念进行修订，Gereffi 与其他学者提出用“全球价值链”（Global Value Chain，GVC）① 代替“全球商品链”，并且“全球价值链”的提法沿用至今。企业结合自身的优势和特点融入全球价值链，并希望强化在该节点的竞争优势以及通过调整竞争战略形成支撑向增值更高的环节转移的能力，这就是全球价值链的形成过程。全球价值链将有形商品和无形服务结合到整个价值链体系中，全球价值链理论研究价值链的治理、定位及演变等。

此后，联合国工业发展组织（United Nations Industrial Development Organization，UNIDO）和英国 Sussex 大学的发展研究所（Institute of Development Studies）也给出了“全球价值链”的定义。其中，UNIDO 的定义较为权威：“全球价值链是指在全球范围内为实现商品或服务价值而连接生产、销售、回收处理等过程的全球性跨企业网络组织，涉及从原料采集和运输、半成品和成品的生产和分销，直至最终消费和回收处理的过程。它包括所有参与者和生产销售等活动的组织及其价值利润分配。并且通过自动化的业务流程和供应商、合作伙伴以及客户的链接，以支持机构的能力和效率。”（UNIDO，2002）从“全球价值链”的概念中可看出产品内各环节垂直分离的“片断化”现象（Arndt 和 Kierzkowski，2001）以及高低价值环节的空间配置问题（Krugman，1980、1991、1995）。

---

① 2001 年 *IDS Bulletin* 杂志有一期专门研究全球价值链的特刊，刊登的 Gereffi 等学者的《价值链的价值》（*The Value of Value Chains*）首次提出了全球价值链（Global Value Chain，GVC）理论。

2.2.2　全球价值链下的制造业升级

2.2.2.1　全球价值链下制造业升级的界定

不同于以往基于产业间分工的制造业升级，全球价值链背景下的国际分工主要是基于产品的生产工序进行的产品内分工，因此产业升级的研究也由产业结构升级转变为价值链视角下的产业升级。Gereffi（1999）认为当企业由只能从事加工组装为主的劳动密集型价值环节到能够进行整个产品链条的生产与制造再到控制链条中的流通、设计等资本和技术密集型环节，则实现了产业升级，因此按照 Gereffi（1999）的定义，产业升级并不是指发展资本、技术密集型的产业而是控制价值链条中的资本技术、密集型环节。Humphrey 和 Schmitz（2002）认为，发展中经济体融入全球价值链会经历四个阶段的产业升级，即在分工环节实现工艺升级、在产品层次实现产品升级、在产业内实现功能升级和在产业间实现链条升级，这一升级过程即为 GVC 升级。其中，工艺升级指的是引进新的生产线或生产设备对原有生产系统进行重组来提升生产效率；产品升级是指在工艺升级的基础上，实现产品质量和技术复杂度的提升；功能升级是指企业实现向增值更高生产环节的转变，由加工生产向贴牌生产，由模仿创新向自主研发设计转变，并拥有自主品牌；链条升级是一种跨产业升级，由生产低附加值的产品向生产高附加值产品转变，升级至此的企业即扭转了原不利分工格局。如中国台湾企业由晶体管收音机生产转到计算器又到电视再到电脑监视器以至掌上电脑等的过程（张辉，2004），即为链条升级。

按照全球价值链理论的基本思路，链条中存在众多的“价值环节”，但每一环节所创造的价值量却不同，谁抓住了高附加值环节，谁就拥有整个价值链的话语权（张辉，2004），随着全球价值链理论研究及投入产出技术的发展，人们开始关注价值链各个环节价值创造与利益分配（潘文卿和李跟强，2014）。黄先海和杨高举（2010）认为全球价值链地位主要体现为对外贸易的获利能力，国内生产的增加值在出口中的占比越高以及对本国经济的推动作用越大，一国的 GVC 分工地位就越高，而这又取决于一国参与国际分工的广度和深度。唐东波（2013）认为全球价值链下的产业升级不同于以往的要素配置由农业向工业转移或产业结构的变化，而更多的是指企业在价值链上的位置以及企业的研发与创新能力，产业升级主要表现为向附加值高的生产环节转移、出口产品技术复杂度的提升或出口国内增加值率的提升。彭支伟和张伯伟（2017）从增加值的视角认为国内增加值含量占比高的国家则全球价值链分工地位高。黄先海和郭晶（2019）认为与总值贸易相比，增加值贸易的统计和测算能更好地衡量全球贸易的新特征，一国在国际分工中的获利能力大小或分工地位的高低可以由出口国内增加值的大小进行判断。李小帆和马弘（2019）认为出口国国内增加值率是衡量国际分工下一国产业升级的重要指标。王岚和李宏艳（2015）认为一国 GVC 分工地位与其参与国际分工的广度和深度以及所对应的获利能力有关，并且认为应从制造业的所处环节的增值能力和嵌入位置两个角度衡量制造业的升级。他们认为分工位置和分工地位并不完全相同，前者主要根据测度行业间的生产距离，对行业所处分工环节进行客观描述，而分工地位主要指的是行业所在环节的获利能力，是价值判断，他们通过改进 Antras 和 Chor（2012）的测度方法，引入增加值系数衡量行业间的生产距离，构建同时包含分工位置和分工地位两个因素的 GVC 分工地位指数，测算结果表明，中国制造业整体仍处于全球价值链的低端，获利较低。中技术、高技术和低技术制造业分别处于全球价值链的上、中和下游，且高技术制造业在全球价值链中的获利能力最小，而低技术制造业的获利能力较大，低技术制造业具有嵌入全球价值链位置攀升带动增值能力提升的特征，而中技术和高技术制造业具有嵌入位置和增值能力同时下滑的风险。

因此，GVC 下制造业升级表现为经济体的产业向附加值更高和控制力更强的环节转移，形成有利的分工体系，并实现价值增值能力、控制能力以及 GVC 分工地位的提升，这也是本书对全球价值链下制造业升级的界定。

2.2.2.2 全球价值链下制造业升级的动力机制

全球价值链中存在多个功能环节，如何区分价值链中的核心环节和非核心环节，整个价值链条的运行主要依靠哪些环节，即全球价值链的动力或驱动机制是什么。Gereffi 等（1994）给出了全球商品链下的两种驱动机制，生产者驱动和购买者驱动的二元驱动机制。由于全球价值链构建在全球商品链的基础上，因此其动力机制也延续了该思想。

Gereffi 等认为生产者驱动的价值链是由生产者的投资推动全球价值链条的运作，通常是一些跨国公司或垂直一体化公司，它们拥有较强的研发能力、生产能力，拥有较多核心技术和专利，为谋求市场的扩张而建立了以本地生产供应为主导的价值分工体系，通过全球价值链构建商品或服务的销售、外包和海外投资等产业的前后向联系。跨国公司通常在掌握上游的研究发展并拥有技术优势，投入大量的资金和机器设备并拥有生产能力后而将非核心的组装环节外包，借助自身的优势铺设全球生产价值体系，注重与链条上的节点企业建立契约型的协作关系，带动东道国当地的生产能力和技术水平的提升。因此，生产者驱动型全球价值链的链主通常为以产业资本为主、技术实力和资金实力强的跨国公司制造商，它们能够借助 GVC 实现成本的节约和获利的提升。生产者驱动型的 GVC 更易出现在资本和技术密集型的行业中，如汽车、计算机、飞机以及机械设备等。

购买者驱动是指拥有强大的品牌和销售渠道优势的大型品牌商、零售商或经销商[①]在全球范围内寻找原料或零部件提供商、成品代工商，并与自身的品牌和渠道优势相结合形成以其为主导和控制的商品跨国生产和流通网络。购买者驱动下的链主注重信息等软环境的建设，并注重市场营销、品牌和渠道建设，将制造环节分离到海外的制造或供应基地，劳动密集型的传统产业，如纺织、服装、鞋帽和玩具等轻工产业多具有购买者驱动的特征。因为这些产业的生产需要大量的劳动力和土地资源，发达国家在生产环节不具有优势，因此将制造环节外包到劳动力和土地成本低廉的发展中国家能实现核心能力的强化，并推动东道国工业化等发展和经济水平的提升。

随着生产工艺和生产技术的发展，价值链中附加值低的生产加工环节却出现创造高附加值的可能，电子光学设备制造业的封测就是组装加工过

① 如山姆、沃尔玛、阿迪、耐克等品牌授权公司，以及伊藤忠式贸易代理商等。

程中的高附加值环节，某些产业链条出现了兼具购买者驱动和生产者驱动的特征，如IT行业的核心竞争力主要取决于CPU和操作系统，但戴尔却以流通环节的出色表现取胜（张辉，2006）。并且随着国际分工发展，GVC链条中出现了许多“枢纽”环节，这些环节获利丰厚且链主对其控制能力有限，因此同一价值链条中出现多个环节驱动价值链条的运转，即混合驱动型。

2.3 全球价值链治理与制造业升级

2.3.1 全球价值链治理的主要内容和目的

全球价值链的治理与发展中国家本土产业升级存在密切关系。伴随发达国家跨国公司自20世纪90年代开始的大规模全球产业转移以及全球价值链理论的成熟，跨国公司即致力于全球价值链的治理，以促使全球价值链的有效运转。全球价值链治理理论的研究对象包括发达国家内部各企业之间、发达国家与发展中国家企业之间的治理关系。发达国家进行全球价值链治理的主要目的包括：抢夺竞争优势，当面临需求多样和竞争激烈的全球市场，发达国家的零售商或品牌商企业希望以更快的创新速度、更合理的价格和更高的质量提供给市场适用可靠的非标准化产品来抢占竞争优势；同时，发达国家的主导企业也越来越重视企业社会责任、用工环境、产品安全和环保等问题，制定严格的标准来监督和管理发展中国家的供应商。

2.3.2 全球价值链治理模式

根据发达国家主导企业采用的治理方式、对节点企业的控制程度以及价值链链条主体企业间的相互关系等因素，全球价值链治理模式的分类有多种类型，包括市场、层级、网络三种类型［Messner 和 Meyer - Stamer（2000）］，Humphrey 和 Schmitz（2000）提出的市场、网络、准层级和层级四种类型，以及 Gereffi、Humphrey 和 Sturgeon（2005）按照交易的复杂程度和标准化程度、供应商的实力和领导企业的介入程度不同提出了层级、市场、俘获、关系和模块五种不同类型的价值链治理模式。

其中，市场型的全球价值链治理模式主要以市场的价格机制作为交易的基础，适用于比较成熟和标准化的产品间的交易，交易程序和规则较为简单，交易信息可编码程度高，国际分工各节点企业的生产供应能力强，不需要链主企业进行过多的参与和指导即可实现产品的分工生产。

俘获型价值链治理模式是指交易的产品较为复杂，发展中国家的参与企业需较好地识别交易过程中所传递的信息，而事实是发展中国家的生产供应能力偏低，发达国家的跨国公司通常会通过制定产品的技术标准，对生产工艺和生产流程提供指导的方式参与发展中国家企业的生产，以满足自身对产品的要求。发展中国家企业因此需投入较大规模的专用性资产而对跨国公司有较大的依赖性，转换交易伙伴的成本较高，陷入被发达国家俘获的状态。

关系型价值链治理模式是指产品的标准化程度低，交易无法通过信息编码实现，国际分工的发包商与承包商需要通过“面对面”交流实现交易，供应商与采购商之间均有较大的资产专用性，而且供应商大多具有产业集聚的特征，因此采购商愿意将某些价值环节外包给供应商。

模块型价值链治理模式是指交易的产品具有模块的特征，产品较为复杂，企业间需要传递大量的信息，信息的可识别度低于市场型治理模式，因此采购商会制定标准化技术，并通过将产品拆分为多个模块以简化生产流程和信息传递使交易成本降低。该模式主要出现在发达国家间的跨国公司以及发达国家与发展中国家中具有核心能力的企业间的分工。

层级型价值链治理模式主要适用于交易的产品复杂、信息可编码度低、供应商实力弱，主要是跨国公司的母公司与其子公司和分公司间为了降低市场交易成本所采用的垂直一体化的管理模式，以便于信息的传递和对隐性知识的保护。

2.3.3 俘获型治理模式下不利于制造业升级

Humphrey 等（2002）认为发展中国家参与国际分工，嵌入全球价值链可依次实现工艺升级、产品升级、功能升级和链条升级的序贯升级。Gereffi（1999）也认为发展中国家“以进口零配件进行装配，到注重整个生产过程，再到自主设计产品并实现销售自主品牌的产品”的方式参与全球价值链分工体系可自动实现产业升级。然而，纵观以中国在内的发展中国家参与全球价值链分工的事实来看，中国众多本土企业在国际分工中被发达国家俘获，仅能获得工艺升级和产品升级，处于全球价值链低端环节锁定的现象（刘志彪等，2007；张杰等，2017；洪俊杰等，2019）。因此，全球价值链的发展呈现一种悖论，发展中国家嵌入全球价值链获得收益和经济发展的同时也易被锁定在全球价值链的低端环节，与全球价值链理论呈现的产业自动升级的结论存在差异。这是因为发展中国家以劳动力成本优势参与发达国家主导的全球价值链中，生产由发达国家领导企业设定好的规格和参数的产品，同时要忍受低进入壁垒导致的激烈竞争及低附加值带来低收入的痛苦，陷入发达国家俘获型网络治理模式中（马海燕和贺伟，2013）。

俘获型网络治理模式下，发展中国家的代工企业缺少话语权和讨价还价的筹码，发展中国家的代工企业虽然在国际分工中得以实现生产能力的提升，在“干中学”和国际合作交流中获得工艺升级和产品升级，改善生产管理能力，开拓国际视野，增加国际合作机会，但如果发展中国家继续向功能升级或链条升级，威胁到链主企业的核心竞争力，发达国家的跨国公司即可通过将订单分发给多个代工企业，通过知识产权封锁或索赔甚至撤走订单等方式对发展中国家代工企业进行打压，使发展中国家代工企业处于被俘获的状态。发展中国家的代工企业由于“两头在外”的分工模式，不利于国内市场的培育，国内各地区和各产业间的交流不足，国内价值链发展不充分，仅依靠要素禀赋优势参与低端加工制造环节，与研发和先进生产性服务业脱节，不利于高端生产要素发挥对先进制造业的支撑作用。同时，相同的代工业务造成重复性建设和投资，产业结构相似，代工企业间的横向分工格局的竞争大于合作，甚至出现恶性竞争等问题，削弱了地区间和产业间的联系。有关中国参与 GVC 分工的研究也大多得到中国制造业陷入发达国家的俘获型网络中被低端锁定的结论。胡大立和黄虞（2019）认为，中国作为发展中国家嵌入国际分工体系，参与的是全球价值链的低端环节，理论分析了发达国家发包商对发展中国家代工企业的知识封锁、能力隔离和战略俘获如何使其陷入低端锁定局面，并结合国内江西、广东和山东的调研数据，采用中介效应模型进行了实证研究。吕越等（2018）基于中国工业企业数据库的实证研究发现那些深入融入 GVC 分工体系，与发达国家制造业技术距离越近的制造业企业越易成为发达国家的俘获对象。

2.4　全球价值链有关指标的测算

随着全球价值链研究的不断开展以及投入产出技术的发展，国内外学者借助投入产出表对全球价值链分工下的垂直专业化程度和 GVC 分工地位等指标进行分解和测算。

2.4.1　国家和部门层面的分解

2.4.1.1　HIY（2001）对垂直专业化的定义及测算

垂直专业化（Vertical Specialization，VS）是指在生产过程可分割的背景下，各个国家只专注产品生产的某一个或某几个环节，生产的碎片化带来中间产品贸易的增加，产品生产的全球分工与合作使得跨国的垂直贸易链不断延长。Hummels 等［2001，以下简称 HIY（2001）］使用国家投入产出表对一国的出口进行分解，一国会通过进口国外中间产品用于本国的生产出口以及出口中间产品用于他国的生产出口两种方式参与国际分工，并将一国出口中所包含的从他国进口的中间产品价值定义为 *VS*，而将一国中间产品出口被他国用于生产出口产品的价值定义为 *VS*1。*VS* 的计算公式可表示为 *VS* =（中间产品进口/总产出）×出口，但实证研究中常使用 *VS* 在总出口的份额来刻画出口价值中所包含的进口价值，计算公式为，*VS* 在总出口中的份额：

$$\frac{VS_k}{X_k} = uA^M(I - A^D)^{-1}\frac{X}{X_k}$$

其中，u 为元素为 1 的行向量；A^M 和 A^D 分别为进口系数和国内直接投入系数矩阵；X 为出口列向量；X_k 为 k 国出口总额。公式中之所以加入国内完全消耗系数矩阵 $(I - A^D)^{-1}$，而不直接表示为：

$$\frac{VS_k}{X_k} = uA^M\frac{X}{X_k}$$

是因为考虑到产品出口之前，进口中间投入可能已经在国内各个部门间进行了多次流转，而 $[I - A^D]^{-1}$ 能捕捉到该信息。但 HIY（2001）的不足是并未给出 *VS*1 的计算方法，同时 HIY（2001）的测算方法暗含两个假定：第一，假定不存在将进口中间产品加工成半成品再出口的情况；第二，假定进口中间产品在不同生产部门之间按比例分配，并且同一生产部门内部会将进口中间产品等比例用于出口部门和内销部门。但实际上 HIY（2001）的两个假定在现实中并不成立，如一国会将进口的中间产品加工后再出口，同时对于中国和墨西哥等加工贸易大国，加工贸易部门的中间产品进口比例要高于一般贸易部门和内销部门。

2.4.1.2 放松 HIY（2001）第一个假定后出口总结的分解——WWP（2009）

随着国际投入产出核算体系的成熟和完善，后续许多学者在 HIY（2001）的方法上进行了改进。Wang 等［2009，以下简称 WWP（2009）］，放松 HIY（2001）的第一个假定，并在国际投入产出模型的基础上对出口增加值进行分解。以三国模型为例，按照投入产出的平衡关系可将出口增加值分解为：

$$E = \begin{bmatrix} V^1B^{11}E^1 & V^1B^{12}E^2 & V^1B^{13}E^3 \\ V^2B^{21}E^1 & V^2B^{22}E^2 & V^2B^{23}E^3 \\ V^3B^{31}E^1 & V^3B^{32}E^2 & V^3B^{33}E^3 \end{bmatrix}$$

其中，V^r 为 r 国的直接增加值系数行向量；$B = (I - A)^{-1}$ 为里昂惕夫逆矩阵；B^{sr} 为 r 国生产 1 单位产品对 s 国产品的完全消耗；E^r 为 r 国的中间产品和最终品出口向量。r 国出口的国内增加值即为 $DV^r = V^rB^{rr}E^r$（r=1，2，3），垂直专业化为 $VS^r = V^sB^{sr}E^r + V^tB^{tr}E^r$，$VS1^r = V^rB^{rs}E^s + V^rB^{rt}E^t$，且 $E^r = DV^r + VS^r$，因此 WWP（2009）不仅计算出了 VS，还给出了 $VS1$ 的计算方法，但 WWP（2009）仍未考虑加工贸易的影响。Koopman 等［2008，以下简称 KWW（2008）］认为由于加工贸易的中间产品进口具有税收减免，因此其被用于出口产品的生产而不是用于国内的最终生产。

2.4.1.3　出口总值的分解——KPWW（2010）和 KPWW（2014）

Koopman 等［2010，以下简称 KPWW（2010）］，完全放松了 HIY（2001）的两个假定，使用全球性的区域投入产出表对出口增加值进行分解，同时使用中国和墨西哥两个加工贸易大国的投入产出表进行出口增加值的分解，更多地显示了出口增加值的结构特征，如出口国内增加值的位置结构特征、出口国内增加值主要来自价值链上游还是下游、新兴市场国家和发达国家出口增加值的特征差异、新兴市场国家的出口包含更多的国外增加值，同时中间产品也更多地被第三国用于再加工；发达国家中美国的生产出口中更多使用进口中间投入，日本出口了最多的中间产品增加值。Koopman 等［2014，以下简称 KPWW（2014）］将各垂直专业化指标如 VS、$VS1$ 和 $VS1^*$①等纳入一个统一的分析框架中，并且垂直专业化的测量与增加值贸易的核算可兼容（潘文卿和李跟强，2014），出口总额可分解为 9 种增加值和重复计算部分，9 种增加值又可分为 4 组，第一组为增加值出口（VAX）、第二组为出口加工后返回本国的中间产品所含国内价值、第三组为国外增加值、第四组为重复计算部分。但是，KPWW

---

① $VS1^*$ 是指一国出口到他国用于生产最终产品的中间产品价值，又被进口回本国（Daudin 等，2011）。

(2014) 的分解方法仅局限于国家层面，不能对部门层面出口贸易进行分解，因此 Wang 等［2014，以下简称 WWZ (2014)］、王直等 (2015) 扩展了其分解法，提出了国家和部门以及国家间和部门间等多个层面的贸易分解法，最终可将一国的总出口分解为 16 个增加值和重复计算部分。

2.4.1.4 出口总值的分解——WWZ (2014)

WWZ (2014) 以三国的投入产出结构为例对总出口进行分解，由于本书有关全球价值链的指标的计算方法主要参考 WWZ (2014) (见表 2.1)，因此对该方法下的出口分解进行详细综述。

表 2.1 三国投入产出表的基本结构

产出/投入		中间需求			最终需求			总产出
		S	R	T	S	R	T	
中间投入	S	Z^{SS}	Z^{SR}	Z^{ST}	Y^{SS}	Y^{SR}	Y^{ST}	X^S
	R	Z^{RS}	Z^{RR}	Z^{RT}	Y^{RS}	Y^{RR}	Y^{RT}	X^R
	T	Z^{TS}	Z^{TR}	Z^{TT}	Y^{ST}	Y^{TR}	Y^{TT}	X^T
增加值		V^S	V^R	V^T				
总投入		$(X^S)'$	$(X^R)'$	$(X^T)'$				

按照投入产出的行向平衡关系有：

$$\begin{bmatrix} Z^{ss}+Z^{sr}+Z^{st} \\ Z^{rs}+Z^{rr}+Z^{rt} \\ Z^{ts}+Z^{tr}+Z^{tt} \end{bmatrix} u^T + \begin{bmatrix} Y^{ss}+Y^{sr}+Y^{st} \\ Y^{rs}+Y^{rr}+Y^{rt} \\ Y^{ts}+Y^{tr}+Y^{tt} \end{bmatrix} = \begin{bmatrix} X^s \\ X^r \\ X^t \end{bmatrix} \tag{2.1}$$

其中，$Z = \begin{bmatrix} Z^{ss}+Z^{sr}+Z^{st} \\ Z^{rs}+Z^{rr}+Z^{rt} \\ Z^{ts}+Z^{tr}+Z^{tt} \end{bmatrix}$ 为中间流量矩阵；$F = \begin{bmatrix} F^s \\ F^r \\ F^t \end{bmatrix} = \begin{bmatrix} Y^{ss}+Y^{sr}+Y^{st} \\ Y^{rs}+Y^{rr}+Y^{rt} \\ Y^{ts}+Y^{tr}+Y^{tt} \end{bmatrix}$ 为最终需求矩阵；$X = \begin{bmatrix} X^s \\ X^r \\ X^t \end{bmatrix}$ 为总产出向量；u 为 1×56 的元素均为 1 的行向量。$a_{ij}^{sr} = \dfrac{z_{ij}^{sr}}{x_j^r}$ 为 r 国 j 行业 1 单位的产出所消耗的 s 国 i 行业的中间投入，进而：

$$Z^{sr} = A^{sr}X^{r} \tag{2.2}$$

因此，式（2.1）可通过变形写为：

$$\begin{bmatrix} X^s \\ X^r \\ X^t \end{bmatrix} = \begin{bmatrix} B^{ss} & B^{sr} & B^{st} \\ B^{rs} & B^{rr} & B^{rt} \\ B^{ts} & B^{tr} & B^{tt} \end{bmatrix} \begin{bmatrix} Y^{ss} + Y^{sr} + Y^{st} \\ Y^{rs} + Y^{rr} + Y^{rt} \\ Y^{ts} + Y^{tr} + Y^{tt} \end{bmatrix} \tag{2.3}$$

其中，B 即为里昂惕夫逆矩阵：

$$B = (I - A)^{-1} = \begin{bmatrix} I - A^{ss} & -A^{sr} & -A^{st} \\ -A^{rs} & I - A^{rr} & -A^{rt} \\ -A^{ts} & -A^{tr} & I - A^{tt} \end{bmatrix}^{-1} = \begin{bmatrix} B^{ss} & B^{sr} & B^{st} \\ B^{rs} & B^{rr} & B^{rt} \\ B^{ts} & B^{tr} & B^{tt} \end{bmatrix} \tag{2.4}$$

B^{sr} 中的元素 b_{ij}^{rs} 表示 S 国 j 行业每增加 1 单位最终产品对 R 国 i 行业产品的完全需要量。以 S 国向 R 国的出口为例来分析出口增加值的分解，按照式（2.3）可知：

$$X^{r} = B^{rs}Y^{ss} + B^{rs}Y^{sr} + B^{rs}Y^{st} + B^{rr}Y^{rs} + B^{rr}Y^{rt} + B^{rr}Y^{rr} + B^{rt}Y^{ts} + B^{rt}Y^{tt} + B^{rt}Y^{tr} \tag{2.5}$$

式（2.5）所列 9 项为不同来源的最终产品需求对 R 国总产出的拉动作用，则 R 国对 S 国中间产品消耗可表示为：

$$Z^{sr} = A^{sr}B^{rs}Y^{ss} + A^{sr}B^{rs}Y^{sr} + A^{sr}B^{rs}Y^{st} + A^{sr}B^{rr}Y^{rs} + A^{sr}B^{rr}Y^{rt} + A^{sr}B^{rr}Y^{rr} + A^{sr}B^{rt}Y^{ts} + A^{sr}B^{rt}Y^{tt} + A^{sr}B^{rt}Y^{tr} \tag{2.6}$$

式（2.6）所列 9 项可表示为 S 国向 R 国的中间产品出口以不同方式被不同用途的最终产品所吸收。为将出口增加值分解出来，还需引入增加值矩阵 VA：

$$VA = [VA^{s} \quad VA^{r} \quad VA^{t}] \tag{2.7}$$

其中，VA^s 的元素 va_i^s 表示 S 国 i 部门的增加值，为 1×56 的行向量，VA^r 和 VA^t 的界定类似。那么，S 国的增加值系数可表示为：

$$V^{s} = [v_1^s \quad v_2^s \quad \cdots \quad v_{56}^s] \tag{2.8}$$

其中，v_i^s 表示 S 国 i 产业部门增加 1 单位的产出所产生的增加值（增加值系数），V^s 为 1×56 的行向量，R 国和 T 国的增加值系数矩阵（V^r 和 V^t）的表示形式同 S 国。

按照投入产出的纵向平衡关系（中间投入 + 增加值 = 总产出）可知，

每一产业部门的增加值系数与中间投入系数之和为 1，于是有 $v_j^s = \frac{va_j^s}{x_j^s} = 1 - \sum_{i=1}^{56} a_{ij}^{ss} - \sum_{i=1}^{56} a_{ij}^{rs} - \sum_{i=1}^{56} a_{ij}^{ts}$，矩阵的形式为：$V^s = VA^s(\hat{X}^s)^{-1}$，同样的方法可表示 R 国和 T 国的增加值系数矩阵。假设三个国家的所有行业均增加 1 单位的最终产品，则产生的完全增加值系数矩阵为：

$$VB = [V^s \quad V^r \quad V^t]\begin{bmatrix} B^{ss} & B^{sr} & B^{st} \\ B^{rs} & B^{rr} & B^{rt} \\ B^{ts} & B^{tr} & B^{tt} \end{bmatrix} = [V^sB^{ss} + V^rB^{rs} + V^tB^{ts}, V^sB^{sr} + V^rB^{rr} + V^tB^{tr}, V^sB^{st} + V^rB^{rt} + V^tB^{tt}] \tag{2.9}$$

按照价值来源的方向或产业间的后向关联关系可知，最终产品的价值可分解为所有国家和所有部门的增加值之和，因此完全增加值系数矩阵中结果向量每一个元素都等于 1，即：

$$V^sB^{ss} + V^rB^{rs} + V^tB^{ts} = u \tag{2.10}$$

$$V^sB^{sr} + V^rB^{rr} + V^tB^{tr} = u \tag{2.11}$$

$$V^sB^{st} + V^rB^{rt} + V^tB^{tt} = u \tag{2.12}$$

其中，$u = (1,1,\cdots,1)$，每一个元素均是 1 的 1×56 行向量。

S 国、R 国和 T 国的总出口可表示为：

$$E^s = E^{sr} + E^{st} = A^{sr}X^r + A^{st}X^t + Y^{sr} + Y^{st} \tag{2.13}$$

$$E^r = E^{rs} + E^{rt} = A^{rs}X^s + A^{rt}X^t + Y^{rs} + Y^{rt} \tag{2.14}$$

$$E^t = E^{ts} + E^{tr} = A^{ts}X^s + A^{tr}X^r + Y^{ts} + Y^{tr} \tag{2.15}$$

那么，S 国向 R 国和 T 国的出口可分别表示为：

$$E^{sr} = A^{sr}X^r + Y^{sr} \tag{2.16}$$

$$E^{st} = A^{st}X^t + Y^{st} \tag{2.17}$$

R 国向 S 国和 T 国的出口以及 T 国向 S 国和 R 国出口的表示方法类似。

进一步结合世界投入产出表的行向平衡关系，可将：

$$\begin{bmatrix} A^{ss} & A^{sr} & A^{st} \\ A^{rs} & A^{rr} & A^{rt} \\ A^{ts} & A^{tr} & A^{tt} \end{bmatrix}\begin{bmatrix} X^s \\ X^r \\ X^t \end{bmatrix} + \begin{bmatrix} Y^{ss} + Y^{sr} + Y^{st} \\ Y^{rs} + Y^{rr} + Y^{rt} \\ Y^{ts} + Y^{tr} + Y^{tt} \end{bmatrix} = \begin{bmatrix} X^s \\ X^r \\ X^t \end{bmatrix}$$

表示为：

$$\begin{bmatrix} A^{ss} & 0 & 0 \\ 0 & A^{rr} & 0 \\ 0 & 0 & A^{tt} \end{bmatrix}\begin{bmatrix} X^{s} \\ X^{r} \\ X^{t} \end{bmatrix}+\begin{bmatrix} Y^{ss}+E^{s} \\ Y^{rr}+E^{r} \\ Y^{tt}+E^{t} \end{bmatrix}=\begin{bmatrix} X^{s} \\ X^{r} \\ X^{t} \end{bmatrix} \tag{2.18}$$

进一步变形为：

$$\begin{bmatrix} X^{s} \\ X^{r} \\ X^{t} \end{bmatrix}=\begin{bmatrix} L^{ss}Y^{ss}+L^{ss}E^{s} \\ L^{rr}Y^{rr}+L^{rr}E^{r} \\ L^{tt}Y^{tt}+L^{tt}E^{t} \end{bmatrix} \tag{2.19}$$

L^{ss}、L^{rr}、L^{tt} 为单个国家内部的里昂惕夫逆矩阵，其中 L^{ss} 可表示为：

$$L^{ss}=(I-A^{ss})^{-1}=\begin{bmatrix} 1-a_{11}^{ss} & \cdots & -a_{156}^{ss} \\ \vdots & \ddots & \vdots \\ -a_{561}^{ss} & \cdots & 1-a_{5656}^{ss} \end{bmatrix}^{-1} \tag{2.20}$$

L^{rr} 和 L^{tt} 的表达方法类似。

那么，S 国向 R 国的中间产品出口可表示为：

$$Z^{sr}=A^{sr}X^{r}=A^{sr}L^{rr}Y^{rr}+A^{sr}L^{rr}E^{r} \tag{2.21}$$

因此，$E^{sr}=A^{sr}X^{r}+Y^{sr}=u^{T}\#(A^{sr}X^{r})+u^{T}\#Y^{sr}$，#表示矩阵对应位置的元素相乘。将 $V^{s}B^{ss}+V^{r}B^{rs}+V^{t}B^{ts}=u$ 代入 E^{sr} 中，可知：

$$\begin{aligned} E^{sr}&=A^{sr}X^{r}+Y^{sr}=u^{T}\#(A^{sr}X^{r})+u^{T}\#Y^{sr}=(V^{s}B^{ss}+V^{r}B^{rs}+V^{t}B^{ts})^{T}\#(A^{sr}X^{r})+\\ &(V^{s}B^{ss}+V^{r}B^{rs}+V^{t}B^{ts})^{T}\#F^{sr}=(V^{s}B^{ss})^{T}\#(A^{sr}X^{r})+(V^{r}B^{rs})^{T}\#(A^{sr}X^{r})+\\ &(V^{t}B^{ts})^{T}\#(A^{sr}X^{r})+(V^{s}B^{ss})^{T}\#Y^{sr}+(V^{r}B^{rs})^{T}\#Y^{sr}+(V^{t}B^{ts})^{T}\#Y^{sr} \end{aligned} \tag{2.22}$$

进一步对该式进行变形，可得到：

$$\begin{aligned} E^{sr}&=(V^{s}B^{ss})^{T}\#Y^{sr}+(V^{s}L^{ss})^{T}\#A^{sr}B^{rr}Y^{rr}+(V^{s}L^{ss})^{T}\#A^{sr}B^{rt}Y^{tt}+\\ &(V^{s}L^{ss})^{T}\#A^{sr}B^{rr}Y^{rt}+(V^{s}L^{ss})^{T}\#A^{sr}B^{rt}Y^{tr}+(V^{s}L^{ss})^{T}\#A^{sr}B^{rr}Y^{rs}+\\ &(V^{s}L^{ss})^{T}\#A^{sr}B^{rt}Y^{ts}+(V^{s}L^{ss})^{T}\#A^{sr}B^{rs}Y^{ss}+(V^{s}L^{ss})^{T}\#[A^{sr}B^{rs}(Y^{sr}+Y^{st})]+\\ &(V^{s}B^{ss}-V^{s}L^{ss})^{T}\#(A^{sr}X^{r})+(V^{r}B^{rs})^{T}\#Y^{sr}+(V^{r}B^{rs})^{T}\#(A^{sr}L^{rr}Y^{rr})+\\ &(V^{r}B^{rs})^{T}\#(A^{sr}L^{rr}E^{r})+(V^{t}B^{ts})^{T}\#Y^{sr}+(V^{t}B^{ts})^{T}\#(A^{sr}L^{rr}Y^{rr})+\\ &(V^{t}B^{ts})^{T}\#(A^{sr}L^{rr}E^{r}) \end{aligned} \tag{2.23}$$

上式其中，第 1 项 $(V^{s}B^{ss})^{T}\#Y^{sr}$ 表示 S 国向 R 国最终出口的国内增加值，即最终产品出口的国内增加值（DVAFIN）；第 2 项 $(V^{s}L^{ss})^{T}\#A^{sr}B^{rr}Y^{rr}$

为 R 国生产国内最终需求所吸收的 S 国中间产品出口国内增加值，即中间产品出口的国内增加值（DVAINT）；第 3 项 $(V^sL^{ss})^T\#A^{sr}B^{rt}Y^{tt}$ 为 S 国向 R 国出口中间产品经加工后再出口到 T 国，并用于 T 国最终产品生产时，T 国所吸收的来自于 S 国的中间产品出口增加值，即 DVA_INTRex；第 4 项 $(V^sL^{ss})^T\#A^{sr}B^{rr}Y^{rt}$ 表示 S 国向 R 国的中间产品出口被加工成最终产品后再出口到 T 国而被 T 国吸收的 S 国中间产品出口增加值；第 5 项 $(V^sL^{ss})^T\#A^{sr}B^{rt}Y^{tr}$ 为 S 国向 R 国的中间产品出口被加工后再出口到 T 国被加工成最终产品后，被 R 国进口后吸收的 S 国中间产品出口增加值。第 3—5 项称为被直接进口国生产向第三国出口所吸收的中间出口增加值，即 DVA_INTRex，第 1—5 项表示 S 国的出口中最终被国外吸收的国内增加值，即 DVA。

第 6 项 $(V^sL^{ss})^T\#A^{sr}B^{rr}Y^{rs}$ 为 S 国向 R 国的中间产品出口被加工成最终产品后又以进口的形式返回到 S 国而被吸收的中间产品出口的国内增加值；第 7 项 $(V^sL^{ss})^T\#A^{sr}B^{rt}Y^{ts}$ 为 S 国向 R 国的中间产品出口被加工后再出口到 T 国被加工成最终产品返回到 S 国的中间产品出口的国内增加值；第 8 项 $(V^sL^{ss})^T\#A^{sr}B^{rs}Y^{ss}$ 为 S 国向 R 国的中间产品被加工后再次返回到 S 国用于最终产品的生产所吸收的 S 国中间产品出口的国内增加值。第 6—8 项表示 S 国出口返回国内的国内增加值，即 RDVA（Returned Domestic Value Added）。

第 11 项 $(V^rB^{rs})^T\#Y^{sr}$ 为 S 国最终产品出口中包含的进口国 R 国的中间产品增加值；第 12 项 $(V^rB^{rs})^T\#(A^{sr}L^{rr}Y^{rr})$ 为 R 国最终产品生产中所吸收的本国的中间产品增加值。第 11 和 12 项为隐含于本国出口中的进口国增加值（MVA）；第 14 项 $(V^tB^{ts})^T\#Y^{sr}$ 为 S 国向 R 国的最终产品出口中所包含的 T 国中间产品增加值。第 15 项 $(V^tB^{ts})^T\#(A^{sr}L^{rr}Y^{rr})$ 为 S 国向 R 国的中间产品出口用于满足 R 国的最终产品需求所包含的 T 国中间产品增加值。第 14 和 15 项为隐含于本国出口中的第三国增加值，即 OVA。第 11、12、14 和 15 项表示 S 国出口中包含的国外增加值，即 FVA（Foreign Value Added）。

第 9 项 $(V^sL^{ss})^T\#[A^{sr}B^{rs}(Y^{sr}+Y^{st})]$ 为隐含于 S 国的进口中返回国内，被生产用于出口到 R 国和 T 国的最终产品所吸收的 S 国增加值；第 10 项 $(V^sB^{ss}-V^sL^{ss})^T\#(A^{sr}X^r)$ 为隐含于 S 国的进口中被用于生产向 R 国的中间产品出口而吸收的 S 国中间产品出口国内增加值。第 9 和 10 项为国内价值的重复计算，即 DDC。第 13 项$(V^rB^{rs})^T\#(A^{sr}L^{rr}E^r)$ 为 S 国向 R 国的中间产品出口中 R 国价值的重复计算；第16项$(V^tB^{ts})^T\#(A^{sr}L^{rr}E^r)$ 为 S 国中间产品出口的 T 国增加值的重复计算。第9、10、13 和16 项为重复计算项，即 PDC (Pure Double Counted)，其中第13 和16 项为FDC，即 S 国中间产品出口的外国价值重复计算部分；第9 和10 项为DDC，即 S 国中间产品出口的国内价值重复计算部分。

因此，一国总的出口增加值（E）为式（2.23）1—16 项之和，出口国内增加值率可表示为 DVAR = DVA/E。基于 KPWW（2010）提出的全球价值链参与度的计算方法，可将全球价值链参与方式分为前向参与和后向参与，全球价值链的前向参与可表示为 $\frac{IV}{E}$，其中 IV = DVAINT + RDV + DDC；全球价值链的后向参与度可表示为 $\frac{FV}{E}$，其中 FV = MVA + OVA + DDC；全球价值链的地位指数 $GVC\_P = \ln\left(1 + \frac{IV}{E}\right) - \ln\left(1 + \frac{FV}{E}\right)$。因此，如果一国更多地出口中间产品，则一国的前向参与度更高，对应的 GVC 分工地位更高，本书即以全球价值链分工地位的提升表示制造业的全球价值链升级。

2.4.2 企业层面出口增加值的分解

基于国家和部门层面贸易分解无法反映企业的异质性，但由于企业间的投入产出数据不可得，部分学者从案例层面对单个企业参与全球生产的贸易利得与分配情况进行分析，典型的如对苹果公司的价值链的分解，可发现中国参与的加工组装环节所获得的价值仅为苹果手机出厂价格的 3.3%（OECD，2011；Xing 和 Detert，2010）。

后续有关基于企业异质性对增加值的分解与测算可分为两类：一是在投入产出模型中纳入企业异质性的影响；二是使用微观企业数据库进行测算与分解。第一种类型的典型研究有 Ma 等（2015）、Tang 等（2014），其中 Ma 等（2015）在 KWW（2012）的基础上按照企业的所有制以及贸易模式分为不同的企业类型，结合企业类型对投入产出表细化后进行增加值的分解与测算。Tang 等（2014）的思路类似，按照企业的所有制类型和规模将企业划分为不同类型，并在此基础上对中国国家统计局的投入产出表进行细化和增加值的分解与测算。该类研究虽然考虑了进口中间产品的国外成分以及企业的异质性，但是对于某一类型的企业内部仍然假设将同比例使用进口中间产品，对于增加值的测算忽略了企业内部的影响。第二种类型直接使用微观企业数据库的研究，典型的如 Upward 等［2013，以下简称 UWZ（2013）］、Kee 和 Tang（2016）。UWZ（2013）使用中国工业企业数据库与海关数据库匹配后的数据库测算了中国加工贸易企业和一般贸易企业的垂直专业化率以及国内增加值及增加值率，但是 UWZ（2013）的测算仍然暗含着出口企业和内销企业同比例使用进口中间品，且基于单国企业的数据测算无法包括增加值在国家间的流转，忽略了企业本国投入品中的国外成分以及贸易代理商主导下的间接贸易问题。而 Kee 和 Tang（2016）也是基于微观贸易数据库测算中国加工贸易出口中的国内增加率，同时考虑了贸易代理商导致的间接贸易、国内投入中的国外成分以及国外投入品中的国内成分的影响，弥补了 UWZ（2013）研究的不足。

2.5 全球价值链下制造业升级的实证研究

基于全球价值链下制造业升级的特征，使用投入产出的分解技术，国内外学者对中国制造业参与全球价值链是否实现了出口获利能力的提升和 GVC 分工地位的改善进行了测算和分析，并对影响因素进行了实证研究。

2.5.1 制造业融入全球价值链的影响

结合投入产出技术，国内外学者对中国制造业在参与全球价值链分工下的出口国内增加值和GVC分工地位进行了测算和分析，发现研究期间中国制造业出口国内增加值一般呈先下降后上升的“V形”特征，GVC分工地位得到提升（王岚，2014；彭支伟和张伯伟；Kee和Tang，2016；罗长远和张军，2014）。对比加工贸易和一般贸易的出口国内增加值一般为前者低于后者，如黄先海和郭晶（2019）、樊秀峰和程文先（2015）等均认为加工贸易因使用了更多进口中间产品，因此加工贸易的出口国内增加值较低。同时，对比不同技术和要素密集度的制造业，发现通信设备、电子计算机等高技术行业其国内增加值率较低，而家具、纺织服装等低技术或劳动密集型行业的出口国内附加值率较高（樊秀峰和程文先，2015；唐东波，2013）；黄先海和郭晶（2019）的研究也发现高技术制造业的出口国内增加值率是最低的，这是因为这类行业以外商投资企业的加工贸易为主，加工贸易占其出口总额的2/3，而劳动密集型行业（如家具、纺织服装行业等）的国内附加值率占比较高。戴翔（2015）基于出口国内增加值测算制造业的显示性比较优势（RCA）指数，发现知识和技术密集型制造业RCA指数仍较低。

2.5.2 全球价值链下制造业升级的影响因素

20世纪90年代以来关税的下降带来的贸易自由化加速了国际分工，并带来了对外直接投资和中间产品贸易的增加。很多学者基于外商直接投资（FDI）和贸易自由化下中间产品贸易的增加研究制造业的全球价值链升级，也有学者将影响因素从国外视角转向国内视角，如国内的基础设施建设、市场体制和机制以及信息技术的影响等。

Kee（2012）认为外资企业的进入若能使用更多的国内中间产品，会使国内生产的中间产品种类增加和质量水平提升，进而改善企业出口的国内增加值率。肖宇等（2019）针对中国制造业全球价值链攀升路径的研究得出外资企业通过技术外溢带来的生产率改善显著促进了中国制造业全球价值链位置的提升。而罗伟和吕越（2019）发现外资大量密集从事加工贸易，降低了中国在价值链分工中的上游度，但使得中国参与全球价值链分工的复杂度提升。李小帆和马弘（2019）实证研究发现制造业 FDI 管制越松，越不利于制造业出口国内增加值率的提升，这是因为制造业 FDI 会使用更多的国外中间产品而不利于本国制造业国内增加值率的提升。

有关贸易自由化的影响，绝大多数研究得到贸易自由化有利于制造业出口国内附加值的提升。如 Kee 和 Tang（2016）、盛斌和毛其淋（2017）、毛其淋和许家云（2019）、魏悦羚和张洪胜（2019）、杨继军等（2020）均发现贸易自由化带来的中间产品贸易的增加能提升制造业的出口国内附加值。从影响机制来看，中间产品使用种类的增加、中间产品的技术外溢对制造成本加成和研发创新等均会影响制造业的出口国内附加值。如诸竹君等（2018）研究中在 Kee 和 Tang（2016）模型的基础上加入了进口中间产品质量的影响，发现进口中间产品质量可通过研发创新的调节效应促进出口企业国内增加值率的提升，且研发创新的调节作用主要通过加成率效应和相对价格效应实现。倪红福（2017）的研究发现出口技术含量的提升主要来自国际分工中的“干中学”，提升了中间产品的生产能力和出口产品的技术含量。郑江淮和郑玉（2020）认为国外中间产品能引致国内中间产品的创新，实现对进口中间产品的替代，进而促进制造业向全球价值链高端攀升。

国内市场体制和机制是否完善也会影响到制造业的全球价值链升级。如戴翔和金碚（2014）认为制度体系完善的国家会吸引到价值链位置更高的国际外包业务，制度体系越完善越有利于国际分工的改善。许家云等（2017）认为制度体系是否完善会影响到进口中间产品作用的发挥进而影响到出口产品质量。戴翔等（2017）的研究发现国内市场规模的扩张有利于促进制造业全球价值链的攀升。吕越等（2018）认为国内市场分割会通过抑制中间产品进口和研发创新等渠道不利于制造业企业出口国内附加值率的提升。黄群慧和倪红福（2020）分析了国内产业机制能力和产业链现代化水平对制造业全球价值链升级的重要作用，而国内创新环境和体系的建设、供给侧结构改革等有利于解决制造业基础能力和产业链现代化水平存在的问题。

生产性服务业作为制造业的重要中间投入，特别是近年来随着数字经济和智能制造的快速发展，有关制造业服务化对全球价值链参与和升级影响的研究也逐渐增多。何文彬（2020）以各制造业的通信和信息服务投入代表各制造业的数字化水平，并通过实证研究得到制造业的数字化发展有利于制造业全球价值链参与度的提升，且对于研发强度更高的部门的影响更大。吕越等实证检验了机器人密度所代表的人工智能对制造业企业全球价值链嵌入度的影响，实证结果发现人工智能的发展有利于制造业全球价值链位置的提升。张艳萍等（2021）理论和实证研究发现制造业数字化水平的发展会通过网络连接效应、成本节约效应和价值创造效应影响制造业的 GVC 升级。杨鹏等（2020）认为在当前新一轮科技革命的背景下，位于价值链中间的加工制造环节可通过智能制造实现柔性化、数字化和智能化生产，并获得更多的价值增值。

2.6 总结性评述

从前文的文献综述部分可知，有关全球价值链的研究，包括理论研究、指标测算和分解及实证研究均较为全面，但同时仍存在以下具体的遗漏问题：

（1）影响机理和动力机制的研究有待补充。国内有关全球价值链背景下制造业升级的影响因素大多进行的是实证研究，并且大多是从经济的视角进行，如中间产品进口带来的研发外溢和成本加成，如何进一步结合国内体制机制的建设更好地实现价值链升级的研究需要加强。全球价值链升级即是通过从事增值更高的环节获得价值链分工地位的提升，这更多的是制造业价值链升级的表现，但是应从什么角度进行发力或实现价值链升级的动力机制的分析有待加强。

（2）需进一步结合当前中国经济发展的阶段和背景进行研究。经济发展所处的阶段和背景决定了制造业如何嵌入全球价值链及如何进行全球价值链的升级，在全面了解中国制造业以往参与全球价值链分工的事实和影响的基础，应更多地结合当前的新形势和新阶段。当前中国经济发展进入创新驱动和经济高质量发展的阶段，在此背景下制造业应如何进行价值链的升级，对此本书将更多地结合当前中国经济发展的阶段特征进行研究。

（3）异质性分析有待加强。不同类型和行业的制造业具有不同的全球价值链分工特征；价值链具有多个环节，对于不同类型的制造业，对处于价值链不同环节的制造业如何进行价值链升级需要进行更多的异质性分析。

第 3 章

全球价值链下制造业升级的机理分析

随着经济的发展，产业分工和产品内分工不断跨越国界形成国际分工，国际分工的发展演变经历了产业间分工、产业内分工和产品内分工等不同阶段。产品内分工的发展主要由发达国家的跨国公司主导和推动，跨国公司基于利润最大化的考虑在全球寻找与其各环节匹配的生产制造基地，出现了某一产品由多个国家合作共同完成的情形，这也是全球价值链形成的基础。由跨国公司主导的产品内分工不断呈现要素合作型国际专业化的特征（张幼文，2013），即世界各国提供不同的生产要素，以协同合作的方式共同完成产品的生产，而且是将生产要素聚集在某国实现的国际专业化生产，全球价值链可以说是跨国公司全球调配要素的结果。因此，有关全球价值链的研究和全球价值链下中国制造业升级的研究有必要结合生产要素进行。

3.1　全球价值链分工下的要素及收益

关于生产要素具有什么特征、生产要素如何影响国际分工和国际收益，本部分将结合张幼文（2013）的要素收益分配原理及价值分布规律分析全球价值链下的要素及收益。

3.1.1　生产要素的定义及特征

3.1.1.1　生产要素的定义

“生产要素”的概念主要来自微观经济学，企业生产时投入要素实现生产。随着经济社会的发展，有关生产要素的界定也在不断发展变化。早期庞巴·维克和威廉·配第将劳动和土地看作生产要素。亚当·斯密和大卫·李嘉图则遵循劳动价值论。法国经济学家萨伊则提出了劳动、资本和土地三要素论。马歇尔在《经济学原理》中提出除了劳动、资本和土地外，企业家才能也是重要的生产要素。此后，生产要素的外延不断得到扩展，包括管理、技术和人力资本等。迈克尔·波特在《国家竞争优势》中提出了人力资源、天然资源、知识资源、资本资源和基础设施。

随着经济的发展和经济研究的需要，生产要素的内涵和外延不断进行演化，那么在当代经济全球化背景下，如何界定生产要素呢？以往的研究大多认为不仅要将直接投入生产中的称为生产要素，还要结合影响企业生产经营决策和生产要素跨国流动的因素对生产要素进行扩展，并提出"经济要素"和"全球化经济要素"的概念。其中，生产要素包括一般劳动力、货币资本、土地与自然资源、技术、品牌、高端人才、经营管理方法和营销网络；经济要素是指那些不直接计入企业的成本但影响企业投资和经营决策的因素，包括一国的市场化水平、市场规模、生产配套能力、本地要素供给水平、基础设施、区位因素和政府的经济管理能力。在经济全球化的背景下，一国的经济开放度、贸易投资自由化的双边或区域协议和贸易投资自由化的全球协议也会影响到企业的决策，将其定义为"全球化经济要素"。

3.1.1.2 生产要素具有流动性和等级性差异

生产要素的自然属性使其具有不同的流动性。货币资本、技术、高端人才、品牌、营销网络和经营管理方式等均属高流动性生产要素；加工制造环节的低端劳动力则属于低流动性生产要素；土地为完全不流动性生产要素。在流向方面，高流动性生产要素以资本形成的方式向低流动性和不流动性的生产要素所在地流动，带来生产要素在某些国家和地区的集聚。高流动性生产要素内，流动性更强的货币资本会流向流动性相对低的技术、高端人才以及营销网络等。除了要素本身的特性会影响其流动性和流向外，经济要素和全球化经济要素也会影响要素的流动，如一国的对外开放政策决定了是否鼓励外资的进入，此外一国的市场规模的大小、经济制度和生产配套体系是否完善、基础设施是否健全等也会影响到生产要素的流动。

生产要素具有等级差异。迈克尔·波特在国家竞争优势理论中将生产要素划分为高级生产要素和初级生产要素。高级生产要素包括通信基础设施、复杂和熟练劳动力、科研设施以及专门的技术知识等，初级生产要素包括简单的劳动力以及不具有垄断优势的基本要素。其中，前者的获得需要国家不断进行创新，并在技术、人力和基础设施等方面不断进行投资才能获得，而后者通常是被动继承的，或只需要简单的投资即可获得。

高级要素和初级生产要素（初级要素）具有不同的稀缺性，一般而言发达国家具有较多的高级要素，而发展中国家一般劳动力丰富，技术、知识、品牌、营销管理和经营管理方式等高级要素缺乏。高级生产要素由于较难获得和实现，通常具有稀缺性，由于技术含量较高，也难进行模仿，因此高级生产要素的进入壁垒较高，获得的经济租金也较高。

3.1.1.3　生产要素具有收益性差异

高级要素相比初级要素具有更高的收益。高级要素由于其投入成本高，较难获得，高级要素的价格更高；同时，高级要素在产品生产过程中发挥主导作用，自然决定着收益的分配或租金的分配，而初级要素相对而言在生产和经济活动中只能依附于高级要素，价格和收益较低。与一般劳动力等初级要素不同，高级要素具有更明显的异质性特征，同时也具有更强的专用性，随着不断的应用更易发展成专用性资产从而构筑起较高的进入和退出壁垒，获得产业发展的竞争优势。因而在经济活动和产业发展中，高级要素具有更重要的地位，一国国际竞争力、产业核心竞争力和在价值链分工中的地位可从拥有的高级要素的等级和数量方面反映出来。因此，在生产过程中较难获得和技术含量更高的高级要素通常能获得更高的收益，这也是要素收益分配原理的主要内容。

3.1.2　全球价值链下的要素合作分工与收益

3.1.2.1　发达国家的高级要素流向发展中国家

全球价值链下发达国家跨国公司主导的产品内分工带来了要素的国际流动，全球分工体系演变为生产要素的合作体系。基于生产要素的流动性特征、不同国家的要素禀赋，全球价值链下的要素国际流动呈现发达国家的高级生产要素流向发展中国家，并与发展中国家的土地和劳动力等初级要素结合，因此全球价值链下的要素国际流动并不是生产要素在全球的均衡配置，而是发展中国家以流动性较弱的初级要素集聚发达国家的流动性更强的高级要素。发达国家凭借先进技术、高端品牌、完善的营销网络以及经验丰富的经营管理方式等高级生产要素主导全球价值链分工，发展中国家则以初级要素参与价值链的加工制造环节，成为发达国家的加工制造基地。

3.1.2.2 发达国家拥有更高的分工地位和收益

结合要素收益分配原理，在全球价值链下的国际分工和要素合作机制下，发达国家以知识、技术、管理、品牌和营销网络等高级要素参与国际分工，与发达国家跨国公司直接投资带来的资金流入相伴随的是以上各高级要素的流入，而这些高级要素也是发展中国家所稀缺的，借助发达国家的高级生产要素的流入，发展中国家参与高级分工，但仍主要是以劳动力和土地等初级要素参与国际分工。结合要素的特征及收益分配原理，高级要素由于具有更高的技术和知识含量，通常在产品生产中具有主导地位并能获得更高的收益。发达国家以投入高级要素为主，且拥有高级要素所有权，其依靠高级要素在全球价值链分工中具有主导地位，并能获得更高的垄断性收益。发展中国家虽然在参与全球价值链过程中获得了生产力的提升、生产水平的提升、出口产品结构的改善、贸易规模和经济规模的扩张，但从要素的角度而言，发展中国家仍主要以劳动力和土地等初级要素参与国际分工，国际分工的收益和地位相比发达国家仍存在差距。

3.1.3 中国制造业参与国际分工的要素收益及特征

改革开放初期，特别是改革开放后的第一个 10 年（1979—1989 年），中国由于经济发展水平和工业技术水平较为落后，生产制造能力较为落后，仅以初级资源产品的出口为主，尚未融入全球价值链。但自 20 世纪 90 年代后，中国迎来人口红利爆发期，国内劳动力存量巨大，具有明显的劳动力要素优势，同时中国也具有一定的自然资源和土地优势。与此同时，发达国家的跨国公司开始对中国进行大量的投资，这是由于跨国公司所拥有的技术、品牌、营销网络和经营管理方式等高级要素增加值的实现也离不开土地和劳动力等要素。因此，在整个 20 世纪 90 年代，中国参与国际分工的方式主要是依靠劳动力和土地等初级要素集聚发达国家的高级要素，带动了中国加工制造能力的提升和出口贸易规模的扩大。

2001年中国加入世界贸易组织后，中国国内的劳动力要素优势仍存在。同时伴随自由贸易的发展和外资近10年的进驻，中国制造业参与国际分工的加工制造能力得以提升，制造业的资金缺乏和技术水平落后的问题在外资的流入和技术外溢效应下逐渐得以改观。为鼓励外资的进一步流入，中国在此阶段也不断出台针对外资的税收和土地优惠政策，给予外资补贴等方式为外资企业提供超国民待遇，特别是整个东部沿海区域借助对外开放政策和区位优势吸引到更多的外资，中国的市场经济体系和基础设施等经济要素不断完善，中国集聚发达国家高级要素的能力逐渐提升，在此期间中国逐渐成长为世界制造大国和贸易大国，如，2010年中国制造业的增加值超过美国成为全球制造业第一大国，2013年中国有220多种制造业产品的产量居世界首位，并在2013年稳居世界第一贸易大国的位置，中国成为名副其实的世界工厂和加工制造基地。同时，中国制造业的出口结构也由劳动密集型产品转为资本技术密集型产品。

同其他发展中国家一样，中国以劳动力、土地、对外开放政策、不断完善的市场经济体系和基础设施集聚发达国家高级要素，融入由发达国家主导的国际分工体系，推动中国加工制造能力、贸易规模、经济发展水平和GVC分工地位的提升。但高级要素其所有权仍然属于发达国家，中国以劳动力优势进行加工贸易的方式融入全球价值链就决定中国出口产品具有较多的国外进口的中间产品价值，而本国所拥有要素创造的国内附加值（DVA）较低，在国际分工中与发达国家相比的GVC分工地位仍较低。即使中国出口的资本技术密集型产品，仍然获得的是劳动力等初级要素参与国际分工的收益，如果考虑中国为了融入国际分工而采取的税收和土地补贴以及加工制造所带来的资源消耗和环境污染问题，参与国际分工的国内附加值要更低，同时这种以初级要素参与国际分工的方式不具有可持续性，在当前中国劳动力成本提升，资源环境承载力不断下降的影响下，中国制造业参与国际分工面临发展中国家的挤出效应，同时以初级要素参与国际分工也易陷入发达国家俘获型治理网络中。

3.2 全球价值链下的价值分布与规律

由于全球价值链下存在上游的研发设计、中游的加工制造以及下游的营销、服务等不同环节，不同环节所需的生产要素不同，所创造的收益也不同。全球价值链下制造业如何获得更多的分工收益，实现价值链下的制造业升级，为此需了解全球价值链下价值分布特征以及价值来源。描述价值链中不同环节附加值分布的微笑曲线、武藏曲线、元宝曲线和彩虹曲线为全球价值链下获取高收益提供了经验借鉴。

3.2.1 微笑曲线

微笑曲线理论最早是由宏碁电脑创始人施正荣在1992年提出来的，他根据自己多年从事电脑行业的经验，将电脑行业中不同环节的附加值描绘出来正好是一个开口向上的抛物线形态，故称为微笑曲线，其中横轴表示价值链的不同环节、纵轴表示附加值。按照生产工序，微笑曲线中的分工环节分为上游的研发设计环节、中间的加工组装环节以及下游的营销售后环节，附加值高的为位于两端的研发设计和营销售后环节，中间的加工组装环节的附加值低。

微笑曲线的理论根基是波特的价值链理论，Raphael Kaplinsky 和 Mike Morris（2001）、John Humphrey 和 Hubert Schmitz（2004）基于价值链治理的视角分析了微笑曲线形成的原因，即跨国公司基于自身的技术优势与品牌和营销优势形成较高的进入壁垒，得以占据价值链中附加值高的研发和营销售后环节。微笑曲线下的价值分布特征即是国际分工由产品分工向要素分工转变的体现，各国结合自身的要素禀赋优势参与价值链中某些环节，发达国家凭借高级生产要素优势不断向附加值高的研发、营销和服务环节转移，发展中国家则利用劳动力等基本要素优势参与附加值低的加工制造环节（见图3.1）。

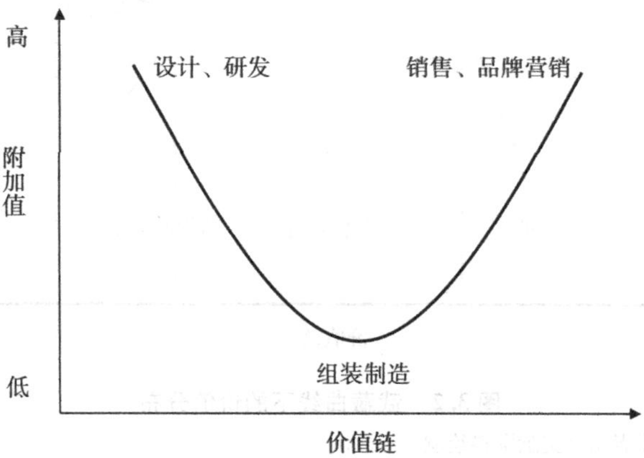

图3.1　微笑曲线下的价值分布

资料来源：作者根据文献资料绘制。

3.2.2　武藏曲线

武藏曲线是由时任日本索尼中村研究所所长的中村末广在2004年提出，他通过对日本制造业的研究发现，日本制造业的装配、制造环节的附加值较高，而两端的零件、材料以及售后服务环节的附加值低。同样以横轴描述价值链的上、中和下游环节，纵轴作为附加值，将不同环节的附加值曲线连起来形成与微笑曲线价值分布模式完全相反的曲线，即武藏曲线（见图3.2）。日本于2005年6月发布的《2004年度制造业白皮书》中对约400家制造业企业的“研究”“开发、设计、试制”“制造、组装”“销售”和“售后服务”等环节进行调研，发现在汽车行业中有66.7%以上的汽车企业在“制造、组装”环节的利润率最高，验证了中村末广的发现。进一步分析发现，日本汽车制造企业是依靠精益生产和专业化的管理提升产品质量，降低生产成本，增加了生产环节的效益。总结而言就是日本汽车制造企业依靠独特的生产工艺和先进的管理模式成就了制造环节的高利润，实现了武藏曲线的价值创造。

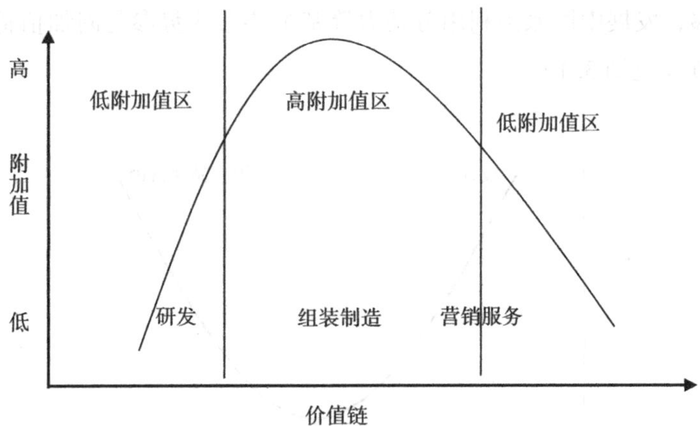

图 3.2 武藏曲线下的价值分布

资料来源：作者结合文献资料绘制。

武藏曲线的提出并没有否定研发和品牌的重要性，只不过对于某些制造业企业，其在制造环节具有垄断优势或制造优势，因此制造环节的价值创造更多。纵观全球，可发现在制造环节具有垄断优势，实现专业化生产、规模化制造，并以此为基础进行产业链分工的制造业均具有武藏曲线的价值分布模式。特别是以一些进入壁垒较高、B2B（Business – to – Business）模式下的制造业居多。这类企业依靠研发获得技术专利，借助专利和技术优势形成对制造环节的垄断，再以规模化生产制造获得最大化的价值。如英特尔公司即是借助研发和品牌获得竞争优势，但其大规模的生产却是其附加值的主要来源。英特尔生产的 CPU 主要提供给企业使用，属于 B2B 的商业模式，不同于 B2C（Business – to – Customer）模式下需要投入大量的营销费用建立广泛的营销网络，英特尔公司 B2B 商业模式下营销环节的附加值较低。英特尔公司虽然在研发环节的投入较高，但研发成功获得的技术主要用于支持其芯片的大规模生产制造，因此英特尔公司的研发环节附加值不多，利润和附加值的获取主要依靠其大规模的生产制造获得。因为芯片的制造资金和技术门槛高，英特尔公司凭借技术和资金优势得以实现大规模制造，并获取高额利润。因此，英特尔公司的价值创造模式符合武藏曲线的特征。

3.2.3　元宝曲线

从微笑曲线和武藏曲线的价值分布点来看，企业在价值链的某一环节取得竞争优势后即走向研发、营销或制造等不同的专业化发展之路，但两种价值分布曲线均存在高增值环节唯一和盈利点较为单一的问题。但当今经济发展所面临的国际环境更为复杂，企业所面临的风险也更为难以预测，单一的价值创造模式不利于企业的长期可持续发展。如百年柯达和索尼公司的衰败即是例证。在此基础上林左鸣（2012）结合GE公司和苹果公司实际业务，以及它们的价值创造和分布模式提出了元宝曲线，横轴仍然表示上游的研发、中游的组装制造和下游的营销服务，纵轴表示价值增值，其价值分布模式如图3.3所示。从图中可看出元宝曲线填补了微笑曲线中游环节的价值塌陷，也填补了武藏曲线上游和下游环节的价值塌陷，对企业而言意味着通过多元化的经营可创造更多的盈利点，并在价值链上中下游均获得高增值点。

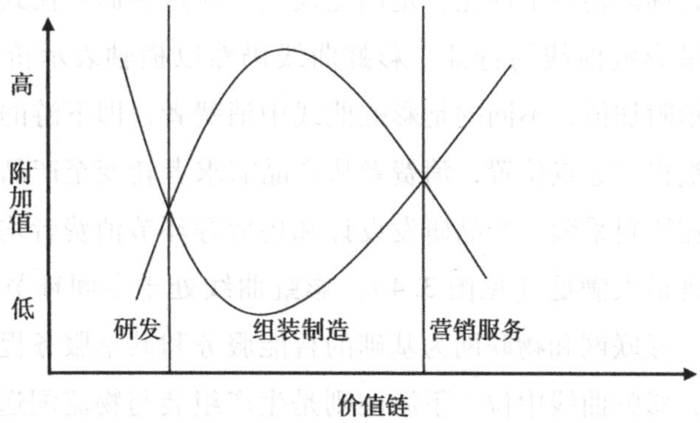

图3.3　元宝曲线下的价值分布

资料来源：作者根据文献资料绘制。

张梦霞和白建磊（2014）以美国苹果公司为例，总结出苹果公司的价值分布呈现元宝曲线的特征。对于苹果公司而言，拥有基于顾客体验的产品开发以及优越的品牌形象使其在研发和营销服务环节获利颇丰，其硬件业务的价值分布呈现明显的微笑曲线特征。除了依靠手机的研发、品牌形象和营销服务获取高附加值外，苹果公司还设立了软件网络商店，借助自主开发的 iOS 操作系统，其提出第三方开发人员可免费发布针对 iOS 操作系统的 App（应用软件），但同时 iOS 操作系统不对开发者开放，因此苹果公司吸引了大量苹果 App 开发者，并利用其操作系统平台实现了对开发者的控制。苹果公司在此基础上成立了网络软件商店（App Store），用户下载 App 支付的费用在苹果公司和软件开发者之间进行分配，并成为苹果公司获取收益的途径之一。苹果公司的价值创造模式不仅具有微笑曲线的特征，还因网络软件商店成立使其价值分布也具有武藏曲线的特征，综合来看苹果公司的价值分布具有元宝曲线的特征。除此之外，航空行业领域的价值分布也呈现元宝曲线的价值分布特征。

3.2.4 彩虹曲线

互联网和新一代信息技术的广泛发展为消费者参与研发和生产决策提供了条件，传统的供需商业模式逐渐发生改变，原有的少品种大规模的工业化生产模式逐渐转向个性化、定制化模式，在这种商业模式下，制造业的价值分布呈彩虹曲线的特征。彩虹曲线仍然以横轴表示价值链的各环节，纵轴表示附加值，不同的是彩虹曲线中消费者，即下游的需求端从价值链条的末端提到起点位置，消费者从产品需求者转变至产品全生命周期的参与者，在原料采购、产品研发设计和售后等环节消费者均可参与，他们的需求实现最大满足（见图 3.4）。彩虹曲线处于中间环节的是以云计算、大数据、互联网和物联网为基础的智能服务和共享服务提供商以及技术研发环节，彩虹曲线中位于下游的则是生产组装与物流配送环节。彩虹曲线的价值分布呈两端低中间高的趋势。相比于微笑曲线，彩虹曲线的特征表现为消费者与生产者的关系发生了变化，由原有的 B2C 商业模式向 C2B（Customer－to－Business）、C2M（Customer－to－Manufacturer）转变，消费者是整个生产流程的发起方，生产者在产品生产之前就与消费者进行充分的沟通，邀请消费者提前体验，使设计出和生产出的产品更能满足消费者的需求，创新成功的可能性更高。具有彩虹曲线价值分布的产业与生产者服务业的融合度更高，消费者的需求会借助智能服务或共享服务提供商反馈给生产者，另外在资源配置、产品生产及售后等环节均需要智能服务和共享服务提供商的参与。

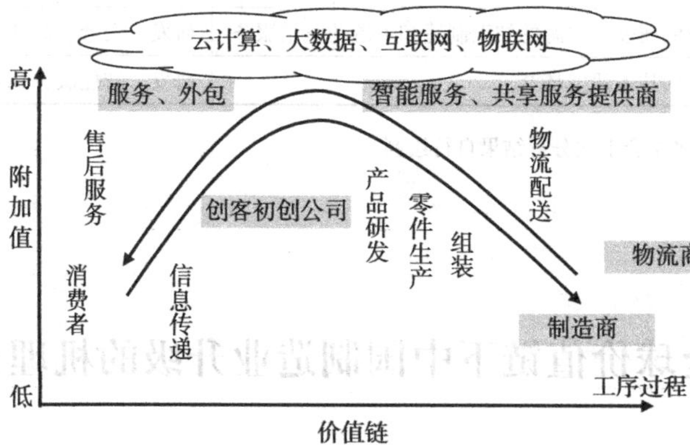

图3.4 彩虹曲线下的价值分布

资料来源：作者根据文献资料绘制。

以上各价值分布曲线均呈现了价值链条中的高附加值环节所在位置以及依靠哪些生产要素的投入来获得高附加值，表3.1对此进行了规律性总结。可看出不同价值分布曲线的高增值环节所处位置存在差异，但是高增加值的获得均主要依靠研发、技术、品牌、营销网络和经营管理方式等高级生产要素，高级生产要素的投入使企业或产业在国际分工中获得垄断优势，构筑较高的进入壁垒，因此获得较高的要素租金。如，微笑曲线的上游和下游高附加值的获得离不开研发投入和营销网络；武藏曲线中游制造环节的高附加值主要依靠先进生产技术的获得实现技术优势后进行大规模的生产而实现规模经济优势，并通过精细化的管理降低生产成本和提升产品质量，高附加值的获得主要依靠资金、技术和先进管理；元宝曲线的高增加值的取得也离不开研发、营销和与此相关的配套服务；彩虹曲线的高附加值的获得与信息技术的快速发展、信息技术与生产的融合，使得创新与价值的实现距离更近。总结而言，价值链中高增加值的取得主要由于知识资源、复杂和熟练的劳动力资源、科技设施和通信设施，以及营销和研发等先进的生产性服务的投入，因此价值链中高附加值的实现离不开高级要素的投入。

表 3.1 价值分布规律及所投入的高级生产要素

	高附加值所在环节	所依靠的生产要素
微笑曲线	上游研发和下游的营销服务	研发、品牌和营销
武藏曲线	中游的加工制造	资金、技术和经营管理方式
元宝曲线	上游的研发、中游的加工制造和下游的营销服务	研发、资金、品牌和营销
彩虹曲线	中游的技术研发环节	研发、智能服务和共享服务

资料来源：作者结合上文分析结果自行绘制。

3.3 全球价值链下中国制造业升级的机理分析

3.3.1 全球价值链下制造业升级的定义及动力机制

结合全球价值链分工的特征和以往学者的相关研究，本书认为全球价值链下制造业升级主要表现为参与国际分工获得更高的增值，如由低增值环节向高增值环节转移或将原低增值环节转变为高增值环节，最终实现GVC分工地位的提升。

结合要素收益原理和价值分布规律，以及当前进行的创新驱动和经济高质量发展的阶段特征，本书认为全球价值链下制造业升级的实现须由劳动力和土地等初级要素参与国际分工向依靠知识、技术和先进管理等高级要素转变，这将是当前阶段和背景下全球价值链下制造业升级的驱动力，因此制造业的升级需要集聚和培育高级要素，实现要素的合理配置，增加分工收益并提升全球价值链地位。

3.3.2 依靠高级要素促进制造业的全球价值链升级

党的十九大报告做出了“我国经济已由高速增长阶段转向高质量发展

阶段”的科学论断，40多年的改革开放经验证明对外开放带动了中国经济的高速增长，那么在中国进入高质量发展阶段，对外开放也需转向高质量开放型经济，其中最主要的特征之一就是扭转中国制造业以低端嵌入的方式融入全球价值链的国际分工体系，促进中国制造业迈向全球价值链的中高端，为此中国制造业要改变以低成本劳动力参与国际分工的局面，由要素驱动转向创新驱动，创新驱动阶段所依靠的要素质量和层次应不同于要素驱动阶段，创新驱动阶段应主要依靠高级要素的投入，中国制造业应更多地进行高级要素的培育和配置，依靠高级要素切入全球价值链的高端环节实现制造业的价值链升级。

3.3.2.1　通过对外开放集聚发达国家的高级要素

高级要素的培育可通过对外开放和融入国际分工体系集聚发达国家的高级要素。因高级要素的投入大产出少、技术含量高，其培育需要投入较多的时间和精力，不可能一蹴而就。高级要素的培育也需注重高级要素的引进，在开放型经济体系和中国参与全球价值链的过程中吸引其他各国的高级要素进入中国。新增长理论研究过要素流动过程中会通过技术扩散、知识溢出、人力资本成长、“干中学”、模仿与创新等促进发展中国家高级要素的积累。不同于要素驱动阶段劳动力和土地等初级要素集聚发达国家的高级要素，创新驱动和经济高质量发展阶段下应更多地依靠国内高级要素实现对国外高级要素的集聚，依靠本国研发创新的增加和技术水平的提升集聚国外的高级要素，并更好地对其吸收转化，实现高级要素的积累，从而实现国内外高级要素的良性循环和应用。

3.3.2.2　自主培育高级要素

高级要素的培育长期来看还需国内的自主培育。完全依赖国外的高级要素引进长期来看可能会抑制本国高级要素的培育，高级要素的创造与培育能力是一国核心能力的体现，也是一国提升GVC分工地位、话语权和收益能力的关键。在当前的高质量发展和创新驱动发展阶段，中国也应通过加大在科技教育方面的投入力度培育与创新能力相关的主导性生产要素，创新性技术是一切竞争优势的源泉，是攀升全球价值链分工的根本途径，因此中国应积极开展自主创新，培育核心技术，通过核心技术和新兴产业技术的突破带动整体技术水平的提升，形成本国的要素优势，进而实现要素结构的提升。

3.3.2.3 加大高级要素密集型行业与制造业的融合

发展高级要素密集型产业，促进高级要素密集型产业与初级要素密集型产业的融合。生产性服务业作为制造业生产所需投入的要素之一，也是高级要素密集型产业，特别是生产性服务业中的研发设计与其他专业性服务、人力资源管理与培训服务和信息服务等，包含较多的知识、技术和科技等高级要素，因此应促进此类生产性服务业的发展，并促进其与制造业的融合，这对于当前中国国内高级要素的培育和积累，实现制造业价值链分工地位和收益的提升也将具有重要作用。

3.3.2.4 理顺要素市场化配置机制

稀缺高级要素的培育应结合广义要素进行，国内要提供适合高级要素培育和发展的体制机制，在开放型经济背景下也应注重推动创新发展的体制机制建设。在注重研发投入的投入形成“政产学研”协同的创新体制方面，政府要加大研发投入，创造有利于高级要素培育和创新发展的制度环境，提供高级要素培育所需的基础设施，产业间要形成良好的联系协调机制，解决产业发展中存在的共性技术问题。推进供给侧结构性改革，推动市场化体制机制的建设，解决可能存在的资源配置不当的问题。

第4章

中国制造业参与国际分工的特征及GVC分工地位测算与分析

本书在将中国制造业划分为制造业总体和不同要素密集度制造业的基础上，结合出口增加值的分解，对制造业出口增加值规模、出口中国内增加值的规模和结构特征进行描述性分析；测算和分析了制造业参与国际分工的方式，包括前向参与和后向参与；测算和分析了制造业参与国际分工的收益和GVC分工地位。最后，基于功能活动类型，包括研发、管理、市场和制造，对中国制造业不同类型功能活动的出口国内增加值的统计进行分析。

本书基于UIBE GVC Index数据库中的双边贸易流分解测算结果计算中国制造业[①]出口增加值规模、国际分工特征和地位。UIBE GVC Index数据库基于WWZ（2013）的方法在WIOD数据库基础上的双边部门层面或国家部门层面提供了双边贸易额的分解结果，在实际提供WWZ的分解结果时，UIBE GVC Index数据库把WWZ（2013）基于投入产出分解所得到的16项分解结果合并为8项，最终产品出口国内增加值（DVAFIN）、中间产品直接出口国内增加值（DVAINT）、中间产品经进口国加工后又被出口到第三国而被吸收的增加值即中间产品间接出口国内增加值（DVAINT_Rex）、出口后返回的国内增加值（RDV）、国内增加值的重复计算项（DDC）、出口中包含的直接进口国的增加值（MVA）、出口中包含的第三国增加值（OVA）和国外增加值的重复计算项（FDC）。分解结果保留了三个维度的信息，出口国和行业、出口目的地国、出口中所包含的增加值来源国（本国或外国）和行业的信息。基于研究需要本书在数据库中提取了有关中国出口增加值的数据，并进行了汇总处理和计算，根据WWZ（2013）的分解原理、KPWW（2010）给出的全球价值链参与方式和GVC分工地位的测算方法得到以下指标：

（1）出口增加值：EX = DVAFIN + DVAINT + DVAINT_Rex + RDV + DDC + MVA + OVA + FDC

（2）出口国内增加值：DVA = DVAFIN + DVAINT + DVAINT_Rex

（3）出口国内增加值率：DVAR = DVA/EX，DVAR越高表明单位产品

① UIBE GVC Index数据库中编码为C5—C22的行业为制造业。

的出口获利越大。

(4) 前向分工参与度 = (DVAINT_Rex + RDV + DDC) /EX，前向分工参与度越高，表明中国制造业在更多向国外出口中间产品，在价值链分工中越位于上游环节。

(5) 后向分工参与度 = (MVA + OVA + FDC) /EX，后向分工参与度越高，表明中国制造业更多进口国外中间产品，在价值链分工中越位于下游环节。

(6) GVC 分工地位指数，GVC_P = ln [1 + (DVAINT_Rex + RDV + DDC) /EX)] - ln [1 + (MVA + OVA + FDC) /EX)]，GVC 分工地位指数越高意味着制造业在价值链中具有越高的地位。

其中，(1) — (3) 主要基于 WWZ (2013) 的增加值分解原理，(4) — (6) 主要基于 KPWW (2010) 的研究方法。

基于出口功能分解的出口国内增加值的测算方法主要基于王振国等 (2020，2021)，将在后文进行阐述。

4.1 制造业总体的出口增加值规模、结构和国际分工特征

4.1.1 制造业总体的出口增加值规模及结构特征

表 4.1 为 2000—2014 年中国制造业总体的出口增加值、出口国内增加值及出口国内增加值构成及占比。从增加值出口总量来看，中国的对外贸易出口增加值总额由 2000 年的 0.21 万亿美元上升到 2014 年的 2.03 万亿美元，年均增速 17.71%。2000—2014 年出口增加值中的国内增加值 (DVA) 均显著小于出口增加值总额，表明中国制造业因融入全球价值链分工体系，制造业出口增加值总额中包含大量国外增加值以及重复计算的

部分。受益于全球价值链分工带来的出口规模扩张，制造业出口的国内增加值出现大幅上升，由2000年的0.17万亿美元上升到2014年的1.60万亿美元，年均增速为17.54%。但从单位出口的增值能力来看，制造业出口的国内增加值率（DVAR）呈“W形”变动趋势，2000—2007年不断下降，2007—2009年上升，2009—2011年下降，2011—2014年波动上升，并且2014年的DVAR相比2000年在下降，以DVAR衡量的出口获利能力并未得到改善。从DVA出口结构来看，DVAFIN、DVAINT和DVAINT_Rex的出口额分别由2000年的0.10万亿美元、0.04万亿美元和0.02万亿美元增加到2014年的0.89万亿美元、0.48万亿美元和0.23万亿美元，年均增速分别为16.7%、19.2%和17.8%，因此从国内增加值各部分的出口金额来看，以最终产品出口的国内增加值最高。从DVA各部分的占比来看，也是DVAFIN的占比最高，但却呈下降趋势，由2000年的62%降为2014年的56%；DVAINT和DVAINT_Rex的占比呈上升趋势，两者占比之和由2000年的38%提升到2014年的45%，表明中国制造业的出口增加值结构得到一定改善。

表4.1 2000—2014年中国制造业出口贸易及增加值总额及结构

单位：万亿美元

年份	出口增加值（EX）	DVA		DVAFIN		DVAINT		DVAINT_Rex	
		总额	占比	总额	占比	总额	占比	总额	占比
2000	0.21	0.17	81%	0.10	62%	0.04	24%	0.02	14%
2001	0.22	0.18	81%	0.11	62%	0.04	25%	0.02	14%
2002	0.27	0.21	79%	0.13	61%	0.05	25%	0.03	14%
2003	0.38	0.28	76%	0.18	62%	0.07	24%	0.04	14%
2004	0.53	0.39	73%	0.23	61%	0.10	25%	0.06	15%
2005	0.69	0.50	73%	0.31	62%	0.12	24%	0.07	14%
2006	0.88	0.64	73%	0.39	61%	0.15	24%	0.09	15%
2007	1.10	0.80	73%	0.49	61%	0.20	24%	0.11	14%
2008	1.28	0.95	74%	0.57	59%	0.24	26%	0.14	15%
2009	1.05	0.82	78%	0.51	62%	0.20	25%	0.11	13%
2010	1.40	1.05	76%	0.64	60%	0.27	26%	0.15	14%

续表

年份	出口增加值（EX）	DVA		DVAFIN		DVAINT		DVAINT_Rex	
		总额	占比	总额	占比	总额	占比	总额	占比
2011	1.67	1.26	76%	0.74	59%	0.33	27%	0.19	15%
2012	1.76	1.35	77%	0.80	59%	0.36	27%	0.19	14%
2013	1.91	1.47	77%	0.84	57%	0.42	29%	0.21	14%
2014	2.03	1.60	79%	0.89	56%	0.48	30%	0.23	15%

资料来源：根据 UIBE GVC Index 数据库整理而来。

4.1.2 制造业总体的前向和后向分工参与度

根据对出口增加值的分解，计算出中国制造业的全球价值链前向和后向参与度，如表 4.2 所示。从计算结果来看，前向参与度明显小于后向参与度，中国制造业主要以进口国外中间产品进行加工制造再出口的后向分工的方式融入全球价值链。中国制造业的后向参与度经历了由 2000 年的 18% 提升到 2007 年的 25%，特别是加入 WTO 后的前三年，中国制造业的后向参与度增长速度较快，表明贸易自由化的发展对推动中国融入全球价值链发挥了重要作用，中国通过加工贸易承担国际生产加工组装环节，进口国外中间产品，在中国加工组装后再出口，这使得中国出口增加值中有更多来自于国外的价值；但自美国爆发次贷危机，中国的后向参与度开始下降，由 2007 年的 25% 下降到 2014 年的 18%，金融危机对中国以加工贸易为主的贸易方式产生了较大的冲击，与外部经济不景气伴随的外需不足，以及中国近年来生产要素成本的上升，使中国的加工贸易规模缩小；同时伴随国内生产配套体系的完善，中国制造业可加工制造更多种类的中间产品，对国内中间产品需求增加了①，以上各因素共同导致了 2007 年后中国制造业的后向垂直专业化分工程度的下降。后向垂直专业化主要统计国外增加值在总出口中的占比，包括来自直接进口国的增加值（MVA）和

① 结合表 4.1 的数据可知，2007—2014 年，中国制造业出口中的中间产品出口国内增加值在整个 DVA 中的占比在不断上升。

来自第三国的增加值（OVA）。从各部分国外增加值占比来看，OVA的占比最高，即中国制造业的出口带动了更多的国家增加值的改善。

中国制造业的前向分工参与度由2000年的13%提升到2014年的15%。从前向垂直专业化分工的构成来看，以DVAINT_Rex为主，2000年DVAINT_Rex在前向分工中占比达91%，但呈下降趋势，2014年降为78%；与此同时，返回并被本国吸收的国内增加值（RDV）及来自于国内账户的重复计算（DDC）占比一直在上升，分别由2000年的7%和2%，提升到2014年的16%和7%，分别是2000年的2.3倍和3.5倍。这表明中国制造业前向分工的复杂度有所提升，中国不仅承接发达国家的产业转移，越来越多的中国企业进行了对外直接投资，如华为和小米等，对外投资企业在当地的生产加工更多地通过采购中国中间产品完成，中国再通过进口形成返回国内的增加值；中国中间产品出口的增加以及中国进口需求的增加，使得返回并被本国吸收的增加值以及重复计算部分的增加，也表明了中国制造业在全球价值链分工地位及中国制造业对价值链的主导作用有所提升（刘斌等，2018）。

表4.2　2000—2014年中国制造业参与全球价值链的分工程度　单位：%

年份	后向	在后向中的占比			前向	在前向中的占比		
		MVA	OVA	FDC		DVAINT_Rex	RDV	DDC
2000	18	12	71	17	13	91	7	2
2001	17	12	72	17	13	90	8	2
2002	19	11	72	17	13	88	9	3
2003	22	11	72	18	12	85	10	4
2004	25	11	71	18	13	84	11	5
2005	25	11	71	18	12	83	11	6
2006	25	12	69	19	13	82	11	7
2007	25	12	70	19	13	83	10	7
2008	23	12	69	19	13	83	10	7
2009	20	12	71	17	12	81	13	6
2010	22	13	68	19	13	79	14	7
2011	21	13	67	20	14	79	15	7
2012	20	15	66	20	14	77	16	7

续表

年份	后向	在后向中的占比			前向	在前向中的占比		
		MVA	OVA	FDC		DVAINT_Rex	RDV	DDC
2013	20	15	65	20	14	77	16	7
2014	18	14	66	20	15	78	16	7

资料来源：根据 UIBE GVC Index 数据库整理而来。

4.1.3 制造业总体的 GVC 分工地位

表 4.3 为按照 KPWW（2010）的方法计算出的中国制造业的 GVC 分工地位指数（GVC Position，GVC_P），以及 IV 贡献与 FV 贡献值，其中 IV 贡献 =（DVAINT_Rex + RDV + DDC）/（DVAINT_Rex + RDV + DDC + MVA + OVA + FDC），FV 贡献 =（MVA + OVA + FDC）/（DVAINT_Rex + RDV + DDC + MVA + OVA + FDC）。GVC_P 指数的变化可分为两个阶段，第一，2000—2007 年的全球价值链地位快速下降阶段，这与上文分析的该期间中国制造业的后向参与度高，制造业出口中国外增加值占比高是一致的；第二，2008—2014 年的上升阶段，这与上文分析的该期间中国制造业后向参与度的下降是一致的。从 IV 贡献和 FV 贡献的变动趋势来看，前者与中国制造业价值链地位指数的变动方向一致，即中国制造业的价值链地位指数越低，IV 贡献值越小，反之则贡献值越大，因此 2000—2007 年 IV 贡献值在不断下降，2008—2014 年在上升。而 FV 贡献的变动趋势与中国制造业价值链地位指数的变动方向相反，中国制造业价值链地位指数越低，FV 贡献值越大，反之则贡献值越小。

表 4.3　　2000—2014 年中国制造业的全球价值链地位指数

年份	GVC_P	IV 贡献	FV 贡献
2000	-0.05	0.41	0.59
2001	-0.04	0.42	0.58
2002	-0.06	0.40	0.60
2003	-0.09	0.36	0.64
2004	-0.10	0.34	0.66

续表

年份	GVC_P	IV 贡献	FV 贡献
2005	-0.11	0.33	0.67
2006	-0.10	0.34	0.66
2007	-0.11	0.33	0.67
2008	-0.09	0.36	0.64
2009	-0.06	0.39	0.61
2010	-0.07	0.38	0.62
2011	-0.06	0.40	0.60
2012	-0.05	0.41	0.59
2013	-0.04	0.42	0.58
2014	-0.02	0.46	0.54

资料来源：根据 UIBE GVC Index 数据库整理而来。

4.2　不同要素密集度制造业出口增加值规模、结构和国际分工特征

本书主要以中国制造业为研究样本，UIBE GVC Index 数据库对双边贸易流的分解是基于 WIOD 数据库，WIOD 数据库按照 CPA 标准对行业分类，后续实证研究涉及的制造业中间产品进口来自 OECD STAN 数据库，经济合作与发展组织（OECD）按照 ISIC Rev.4 对制造业进行分类，均与中国统计年鉴的 GB/T4754—2002 和 GB/T4754—2011 的分类标准不同，本书按照不重复、不遗漏的行业归并原则对各数据进行了行业匹配（陈艺毛和李春艳，2019），最后形成了 2000—2014 年 18 个制造业行业的面板数据。并借鉴樊茂清和黄薇（2014）、王振国等（2021）的处理方法，按照要素密集度将制造业划分为劳动密集型制造业、资本密集型制造业和知识密集型制造业，具体如表 4.4 所示。

表 4.4　　不同口径的制造业分类及编码

行业	CAP 分类编码	国民经济行业分类编码	ISIC Rev. 4 分类编码	要素密集度
食品制造、饮料及烟草加工业	C5	13—16	D10—12	资本密集
纺织、纺织服装和服饰业	C6	17—19	D13—15	劳动密集
木材加工及竹藤棕草制品业	C7	20	D16	劳动密集
造纸及纸制品业	C8	22	D17	资本密集
印刷业、记录媒介的复制	C9	23	D18	资本密集
石油加工及炼焦业	C10	25	D19	资本密集
化学原料、化学用品制造业	C11	26、28	D20	知识密集
医药制造业	C12	27	D21	知识密集
橡胶和塑料制品业	C13	29	D22	资本密集
非金属矿物制品业	C14	30	D23	资本密集
黑色、有色金属冶炼及压延加工业	C15	31—32	D24	资本密集
金属制品业	C16	33	D25	资本密集
电子及通信设备制造业	C17	39	D26	知识密集
电气机械及器材制造业	C18	38	D27	知识密集
普通机械制造业	C19	34	D28	知识密集
专用设备制造业	C20	35	D29	知识密集
交通运输设备制造业	C21	36—37	D30	知识密集
家具、文教、美工、体育和娱乐用品及其他制造业	C22	21、24、40、41	D31—32	劳动密集

资料来源：作者整理而来。

4.2.1　不同要素密集度制造业出口增加值规模及结构

结合表 4.5、表 4.6 和表 4.7 分别对劳动密集型、资本密集型和知识密集型制造业出口增加值总额、出口国内增加值和结构进行分析。从出口增加值总额来看劳动密集型制造业、资本密集型制造业和知识密集型制造业分别由 2000 年的 680 亿美元、388 亿美元和 898 亿美元增加到 2014 年的 4 125 亿美元、3 507 亿美元和 12 032 亿美元；出口国内增加值分别由 2000

年的 574 亿美元、329 亿美元和 676 亿美元增加到 2014 年的 3 666 亿美元、2 840 亿美元和 9 048 亿美元。

对比不同要素密集度制造业的出口增加值总额和出口国内增加值额可知，知识密集型制造业的出口规模最大，其次是劳动密集型制造业，而资本密集型制造业出口规模最小，但从出口国内增加值率的对比来看，劳动密集型制造业的出口国内增加值率最高，其次是资本密集型制造业，而知识密集型制造业的出口国内增加值率最低。

对比不同要素密集度制造业出口国内增加值的结构来看，劳动密集型制造业以最终产品出口为主，其最终产品出口国内增加值占出口国内增加值的比例最高，平均在 80% 以上，知识密集型制造业的最终产品出口占比也较高，平均在 60% 以上，资本密集型制造业以中间产品出口为主，中间产品出口国内增加值率最高，中间产品直接出口的国内增加值和间接出口的国内增加值占出口国内增加值的比例平均达 65% 以上。

从 DVAR 来看，知识密集型制造业的出口 DVAR 最低，劳动密集型制造业的出口 DVAR 最高。从 DVAR 的变动趋势来看，劳动密集型、资本密集型和知识密集型制造业的出口国内增加值率变动趋势呈 2000—2006 年下降、2006—2009 年上升、2009—2011 年下降和 2011—2014 年上升的“W 形”趋势，与总体制造业的 DVAR 变动趋势一致。

表 4.5　2000—2014 年劳动密集型制造业的出口总额、DVA 出口额及构成情况

单位：百亿美元

年份	出口增加值（EX）	DVA		DVAFIN		DVAINT		DVAINT_Rex	
		总额	占比	总额	占比	总额	占比	总额	占比
2000	6.80	5.74	84%	4.82	84%	0.57	10%	0.36	6%
2001	7.08	6.01	85%	5.07	84%	0.57	9%	0.37	6%
2002	8.14	6.82	84%	5.67	83%	0.70	10%	0.45	7%
2003	10.58	8.75	83%	7.27	83%	0.90	10%	0.59	7%
2004	13.21	10.76	81%	8.70	81%	1.26	12%	0.80	7%
2005	17.45	14.39	82%	11.77	82%	1.67	12%	0.95	7%
2006	21.79	18.13	83%	14.77	81%	2.14	12%	1.22	7%

续表

年份	出口增加值（EX）	DVA		DVAFIN		DVAINT		DVAINT_Rex	
		总额	占比	总额	占比	总额	占比	总额	占比
2007	26.59	22.34	84%	18.46	83%	2.51	11%	1.37	6%
2008	27.76	23.70	85%	19.35	82%	2.81	12%	1.53	6%
2009	23.86	21.08	88%	17.23	82%	2.58	12%	1.26	6%
2010	27.92	24.17	87%	19.41	80%	3.15	13%	1.61	7%
2011	33.01	28.52	86%	22.36	78%	4.01	14%	2.15	8%
2012	35.18	30.91	88%	24.30	79%	4.43	14%	2.18	7%
2013	39.17	34.45	88%	26.87	78%	5.07	15%	2.50	7%
2014	41.25	36.66	89%	28.15	77%	5.73	16%	2.78	8%

资料来源：根据 UIBE GVC Index 数据库整理而来。

表 4.6 2000—2014 年资本密集型制造业的出口总额、DVA 出口额及构成情况

单位：百亿美元

年份	出口增加值（EX）	DVA		DVAFIN		DVAINT		DVAINT_Rex	
		总额	占比	总额	占比	总额	占比	总额	占比
2000	3.88	3.29	85%	1.26	38%	1.42	43%	0.61	19%
2001	3.99	3.43	86%	1.38	40%	1.46	43%	0.59	17%
2002	4.86	4.12	85%	1.60	39%	1.81	44%	0.72	17%
2003	6.45	5.26	82%	1.94	37%	2.36	45%	0.96	18%
2004	9.42	7.38	78%	2.52	34%	3.37	46%	1.48	20%
2005	11.23	8.77	78%	3.07	35%	4.03	46%	1.67	19%
2006	14.76	11.50	78%	3.72	32%	5.39	47%	2.39	21%
2007	17.83	13.92	78%	4.32	31%	6.68	48%	2.91	21%
2008	21.62	16.92	78%	5.07	30%	8.18	48%	3.67	22%
2009	15.98	13.09	82%	4.65	36%	6.25	48%	2.19	17%
2010	21.25	16.80	79%	5.93	35%	7.93	47%	2.93	17%
2011	27.32	21.27	78%	7.25	34%	10.02	47%	4.00	19%
2012	29.93	23.63	79%	7.99	34%	11.47	49%	4.17	18%
2013	32.75	25.89	79%	8.57	33%	12.81	49%	4.51	17%
2014	35.07	28.40	81%	9.16	32%	14.21	50%	5.02	18%

资料来源：根据 UIBE GVC Index 数据库整理而来。

表4.7　　2000—2014年知识密集型制造业的出口总额、DVA出口额及构成情况　　单位：百亿美元

年份	出口增加值（EX）	DVA		DVAFIN		DVAINT		DVAINT_Rex	
		总额	占比	总额	占比	总额	占比	总额	占比
2000	8.98	6.76	75%	4.14	61%	1.49	22%	1.14	17%
2001	9.68	7.36	76%	4.43	60%	1.68	23%	1.25	17%
2002	12.56	9.22	73%	5.62	61%	2.07	22%	1.53	17%
2003	19.09	13.20	69%	8.26	63%	2.85	22%	2.10	16%
2004	28.51	19.02	67%	12.12	64%	3.94	21%	2.96	16%
2005	37.82	25.16	67%	15.91	63%	5.35	21%	3.91	16%
2006	49.12	32.60	66%	20.41	63%	6.91	21%	5.28	16%
2007	63.63	42.23	66%	26.22	62%	9.32	22%	6.69	16%
2008	75.36	51.99	69%	31.61	61%	12.01	23%	8.37	16%
2009	62.96	46.04	73%	28.85	63%	10.43	23%	6.76	15%
2010	86.76	61.69	71%	37.70	61%	14.34	23%	9.66	16%
2011	101.28	72.35	71%	43.38	60%	17.21	24%	11.76	16%
2012	105.28	76.38	73%	46.50	61%	18.14	24%	11.74	15%
2013	113.01	82.30	73%	47.62	58%	21.45	26%	13.22	16%
2014	120.32	90.48	75%	51.02	56%	24.74	27%	14.73	16%

资料来源：根据UIBE GVC Index数据库整理而来。

4.2.2　不同要素密集度制造业国际分工参与方式和GVC分工地位

结合表4.8的数据来分析不同要素密集度制造业参与国际分工的程度，知识密集型制造业参与国际分工的程度最高，即前向和后向分工参与度之和最大，但从前向和后向分工参与度的对比来看，知识密集型制造业的后向分工参与度最高，资本密集型制造业的前向分工参与度最高，而劳动密集型制造业的前向分工参与度最低。较高的后向参与度表明出口中包含大

量的国外增加值，更多从事的是加工组装环节，因此对于中国的知识密集型制造业，主要通过加工贸易进口国外的中间产品实现产品的生产再出口，这与樊秀峰和程文先（2015）、黄先海和郭晶（2019）等的研究结论较为一致。资本密集型制造业的前向分工参与度最高，且后向分工参与度也较高。资本密集型制造业中有较多的为金属矿采选业和石油天然气开采业等资源类行业，它们在生产过程中需要更多依靠资金或机器设备，通过采购国外较为先进的生产线和生产设备投入生产和开采，经简单加工制造后再出口，因此其在价值链中的前后向分工参与度均较高。劳动密集型制造业的国际分工参与度最低，且更多进行的是后向参与，即进口国外的中间产品，依靠国内的劳动力进行加工制造再出口。但近年来，特别是自2010年以后，知识密集型和劳动密集型制造业的后向分工参与度不断下降，而前向分工参与度不断上升，表明知识密集型和劳动密集型制造业在国际分工中地位有所改善。

从GVC分工地位指数反映的GVC分工地位来看，劳动密集型和知识密集型制造业的GVC分工地位均有先下降再上升的特征，2014年的GVC分工地位相比2000年有所上升，但GVC分工地位指数仍为负值，表明中国劳动密集型和知识密集型制造业的GVC分工地位仍较低。资本密集型制造业的GVC_P是最高的，但2000—2014年资本密集型制造业的GVC分工地位整体呈下降趋势。

表4.8　不同要素密集度制造业的前向、后向垂直分工参与度和GVC地位指数

年份	劳动密集型			资本密集型			知识密集型		
	后向	前向	GVC_P	后向	前向	GVC_P	后向	前向	GVC_P
2000	0.15	0.06	-0.08	0.14	0.17	0.03	0.23	0.14	-0.08
2001	0.15	0.06	-0.08	0.13	0.16	0.03	0.22	0.15	-0.07
2002	0.16	0.06	-0.09	0.13	0.17	0.03	0.25	0.14	-0.09
2003	0.17	0.06	-0.10	0.16	0.17	0.01	0.29	0.13	-0.13
2004	0.18	0.07	-0.10	0.19	0.19	0.00	0.31	0.13	-0.15

续表

年份	劳动密集型			资本密集型			知识密集型		
	后向	前向	GVC_P	后向	前向	GVC_P	后向	前向	GVC_P
2005	0.17	0.06	-0.10	0.19	0.18	-0.01	0.31	0.13	-0.15
2006	0.16	0.06	-0.09	0.19	0.19	0.00	0.31	0.14	-0.14
2007	0.15	0.06	-0.09	0.19	0.19	0.00	0.31	0.13	-0.15
2008	0.14	0.06	-0.07	0.19	0.20	0.01	0.28	0.14	-0.12
2009	0.11	0.06	-0.05	0.15	0.16	0.01	0.24	0.14	-0.09
2010	0.13	0.06	-0.06	0.18	0.17	-0.01	0.26	0.14	-0.09
2011	0.13	0.07	-0.05	0.19	0.18	0.00	0.25	0.15	-0.08
2012	0.11	0.07	-0.04	0.18	0.17	0.00	0.24	0.15	-0.07
2013	0.11	0.07	-0.03	0.17	0.17	0.00	0.23	0.16	-0.06
2014	0.10	0.08	-0.02	0.15	0.18	0.02	0.21	0.16	-0.04

资料来源：根据 UIBE GVC Index 数据库整理而来。

4.2.2.1 劳动密集型制造业国际分工特征和GVC分工地位

表4.9为劳动密集型制造业具体行业的前向和后向分工参与度的测算结果。劳动密集型制造业中的木材加工及竹藤棕草制品业的前向和后向分工参与度均较高，且以前向分工为主；家具、文教、美工、体育和娱乐用品及其他制造业的前向和后向垂直分工参与度均最低，并以后向分工为主；纺织、纺织服装和服饰业也以后向分工为主。表4.10为劳动密集型制造业出口DVAR和GVC分工地位指数的测算结果。从出口DVAR来看，国际分工参与度最低的家具、文教、美工、体育和娱乐用品及其他制造业的出口DVAR整体最高，但其分工地位却最低；木材加工及竹藤棕草制品业的出口DVAR较高，GVC分工地位在劳动密集型制造业中也是最高的。从DVAR的变动趋势来看，2000—2014年劳动密集型制造业单位产品出口的国内获利能力DVAR变动不大，但从GVC分工地位指数所表示的GVC分工地位来看，2000—2014年劳动密集型制造业的GVC分工地位得到改善，但仍然较低。

表 4.9　　劳动密集型制造业前向和后向分工参与度

年份	前向分工参与度			后向分工参与度		
	纺织、纺织服装和服饰业	木材加工及竹藤棕草制品业	家具、文教、美工、体育和娱乐用品及其他制造业	纺织、纺织服装和服饰业	木材加工及竹藤棕草制品业	家具、文教、美工、体育和娱乐用品及其他制造业
2000	0.07	0.15	0.02	0.16	0.12	0.11
2001	0.07	0.14	0.01	0.16	0.11	0.11
2002	0.07	0.14	0.02	0.17	0.12	0.11
2003	0.07	0.14	0.02	0.18	0.14	0.12
2004	0.07	0.16	0.02	0.19	0.15	0.13
2005	0.07	0.17	0.02	0.18	0.16	0.13
2006	0.07	0.17	0.03	0.17	0.16	0.13
2007	0.06	0.16	0.03	0.16	0.17	0.13
2008	0.06	0.17	0.04	0.15	0.15	0.12
2009	0.06	0.16	0.04	0.11	0.12	0.10
2010	0.06	0.17	0.04	0.13	0.14	0.12
2011	0.07	0.18	0.05	0.13	0.15	0.12
2012	0.07	0.18	0.05	0.11	0.13	0.11
2013	0.07	0.18	0.05	0.11	0.13	0.11
2014	0.08	0.18	0.06	0.10	0.13	0.11

资料来源：根据 UIBE GVC Index 数据库整理而来。

表 4.10　　劳动密集型制造业出口 DVAR 和 GVC 分工地位指数

年份	DVAR			GVC_P		
	纺织、纺织服装和服饰业	木材加工及竹藤棕草制品业	家具、文教、美工、体育和娱乐用品及其他制造业	纺织、纺织服装和服饰业	木材加工及竹藤棕草制品业	家具、文教、美工、体育和娱乐用品及其他制造业
2000	0.83	0.87	0.88	-0.09	0.02	-0.09
2001	0.83	0.88	0.89	-0.08	0.02	-0.09
2002	0.82	0.87	0.89	-0.09	0.01	-0.09
2003	0.81	0.85	0.87	-0.10	0.00	-0.10
2004	0.80	0.83	0.86	-0.10	0.00	-0.11
2005	0.81	0.82	0.87	-0.10	0.00	-0.10

续表

年份	DVAR			GVC_P		
	纺织、纺织服装和服饰业	木材加工及竹藤棕草制品业	家具、文教、美工、体育和娱乐用品及其他制造业	纺织、纺织服装和服饰业	木材加工及竹藤棕草制品业	家具、文教、美工、体育和娱乐用品及其他制造业
2006	0.82	0.82	0.87	-0.09	0.00	-0.09
2007	0.83	0.82	0.86	-0.09	0.00	-0.09
2008	0.85	0.83	0.87	-0.07	0.01	-0.08
2009	0.88	0.86	0.89	-0.05	0.03	-0.06
2010	0.87	0.83	0.87	-0.06	0.03	-0.07
2011	0.87	0.82	0.87	-0.05	0.03	-0.07
2012	0.88	0.84	0.88	-0.04	0.04	-0.05
2013	0.88	0.84	0.88	-0.03	0.04	-0.06
2014	0.89	0.84	0.88	-0.02	0.05	-0.04

资料来源：根据UIBE GVC Index数据库整理而来。

4.2.2.2　资本密集型制造业国际分工特征和GVC分工地位

表4.11和表4.12分别为资本密集型制造业前向和后向分工参与度、出口DVAR和GVC分工地位指数的测算结果。

从表4.11可知，资本密集型制造业中的食品制造、饮料及烟草加工业的前向和后向分工参与度均是最低的，并且以后向分工为主，除此之外绝大多数资本密集型制造业以前向分工参与为主。黑色及有色金属冶炼及压延加工业国际分工程度较高，其前向垂直分工参与度在资本密集型制造业中是最高的。

由表4.12的结果可知，从资本密集型制造业的出口DVAR和GVC_P来看，GVC分工参与度最低的食品制造、饮料及烟草加工业的出口DVAR最高，而其GVC分工地位却是资本密集型制造业中最低的，因此较高的出口获利能力并不等同于较高的GVC分工地位和国际分工话语权。国际分工参与度最高的黑色及有色金属冶炼及压延加工业的出口DVAR值是资本密集型制造业中最低的，其GVC分工地位却是资本密集型制造业中最高的，但2000—2014年其GVC分工地位并未得到改善，呈不断下降趋势。从

2014年资本密集型制造业的出口DVAR和GVC_P相比2000年来看，资本密集型制造业的出口DVAR变动不大，但2014年的出口DVAR相比2000年均有小幅下降；GVC分工地位除橡胶和塑料制品业、非金属矿物制品业有较明显的提升，食品制造、饮料及烟草加工业有和印刷业、记录媒介的复制有小幅提升，其他资本密集型制造业的GVC分工地位并未提高。

表4.11　　资本密集型制造业前向和后向分工参与度

年份	前向分工参与度							后向分工参与度						
	食品制造、饮料及烟草加工业	造纸及纸制品业	印刷业、记录媒介的复制	橡胶和塑料制品业	非金属矿物制品业	黑色及有色金属冶炼及压延加工业	金属制品业	食品制造、饮料及烟草加工业	造纸及纸制品业	印刷业、记录媒介的复制	橡胶和塑料制品业	非金属矿物制品业	黑色及有色金属冶炼及压延加工业	金属制品业
2000	0.02	0.19	0.18	0.19	0.08	0.34	0.16	0.07	0.14	0.13	0.18	0.12	0.15	0.15
2001	0.02	0.19	0.17	0.19	0.08	0.33	0.16	0.07	0.13	0.11	0.16	0.11	0.14	0.14
2002	0.02	0.18	0.20	0.19	0.09	0.33	0.15	0.07	0.14	0.12	0.18	0.12	0.14	0.15
2003	0.02	0.17	0.19	0.18	0.09	0.32	0.15	0.09	0.16	0.14	0.21	0.14	0.17	0.18
2004	0.02	0.17	0.19	0.18	0.09	0.32	0.16	0.10	0.18	0.16	0.24	0.17	0.21	0.20
2005	0.02	0.17	0.19	0.18	0.10	0.31	0.16	0.10	0.19	0.17	0.25	0.18	0.21	0.20
2006	0.02	0.18	0.17	0.19	0.10	0.32	0.18	0.10	0.18	0.17	0.25	0.18	0.21	0.19
2007	0.03	0.19	0.18	0.19	0.10	0.32	0.18	0.10	0.19	0.17	0.24	0.17	0.21	0.19
2008	0.04	0.18	0.23	0.19	0.11	0.31	0.18	0.10	0.18	0.16	0.22	0.18	0.22	0.19
2009	0.04	0.17	0.18	0.19	0.11	0.27	0.17	0.08	0.15	0.13	0.18	0.14	0.19	0.16
2010	0.03	0.18	0.18	0.20	0.12	0.27	0.17	0.09	0.17	0.15	0.21	0.17	0.22	0.19
2011	0.04	0.19	0.18	0.21	0.14	0.28	0.17	0.09	0.18	0.15	0.21	0.17	0.23	0.19
2012	0.04	0.19	0.18	0.21	0.13	0.27	0.17	0.09	0.16	0.14	0.19	0.16	0.23	0.18
2013	0.04	0.20	0.19	0.21	0.13	0.27	0.17	0.08	0.16	0.14	0.18	0.16	0.23	0.19
2014	0.04	0.20	0.19	0.21	0.12	0.28	0.17	0.07	0.15	0.13	0.16	0.14	0.20	0.16

资料来源：根据UIBE GVC Index数据库整理而来。

表4.12　　资本密集型制造业出口DVAR和GVC分工地位指数

年份	DVAR							GVC_P						
	食品制造、饮料及烟草加工业	造纸及纸制品业	印刷业、记录媒介的复制	橡胶和塑料制品业	非金属矿物制品业	黑色及有色金属冶炼及压延加工业	金属制品业	食品制造、饮料及烟草加工业	造纸及纸制品业	印刷业、记录媒介的复制	橡胶和塑料制品业	非金属矿物制品业	黑色及有色金属冶炼及压延加工业	金属制品业
2000	0.93	0.84	0.86	0.81	0.87	0.81	0.83	-0.05	0.05	0.04	0.01	-0.04	0.15	0.01
2001	0.93	0.86	0.87	0.82	0.88	0.83	0.85	-0.05	0.05	0.05	0.02	-0.03	0.16	0.02
2002	0.92	0.85	0.86	0.81	0.87	0.81	0.84	-0.05	0.04	0.07	0.01	-0.03	0.15	0.00
2003	0.91	0.82	0.85	0.77	0.85	0.77	0.81	-0.06	0.01	0.05	-0.02	-0.05	0.12	-0.02
2004	0.90	0.80	0.83	0.74	0.82	0.74	0.79	-0.08	-0.01	0.02	-0.05	-0.07	0.09	-0.03
2005	0.90	0.79	0.81	0.73	0.81	0.73	0.78	-0.08	-0.01	0.01	-0.05	-0.07	0.08	-0.03
2006	0.89	0.79	0.81	0.73	0.81	0.74	0.78	-0.07	0.00	0.00	-0.05	-0.06	0.09	-0.01
2007	0.89	0.79	0.82	0.73	0.81	0.74	0.78	-0.07	0.00	0.01	-0.04	-0.06	0.08	-0.01
2008	0.90	0.80	0.82	0.75	0.80	0.73	0.79	-0.06	0.00	0.06	-0.03	-0.06	0.08	-0.01
2009	0.92	0.83	0.85	0.79	0.83	0.76	0.81	-0.04	0.02	0.04	0.00	-0.03	0.07	0.01
2010	0.91	0.80	0.83	0.76	0.81	0.73	0.79	-0.05	0.01	0.03	-0.01	-0.05	0.04	-0.02
2011	0.90	0.79	0.82	0.75	0.79	0.71	0.77	-0.05	0.01	0.02	0.00	-0.03	0.04	-0.02
2012	0.91	0.80	0.84	0.78	0.81	0.71	0.79	-0.04	0.02	0.03	0.02	-0.03	0.03	-0.01
2013	0.91	0.81	0.83	0.78	0.81	0.71	0.78	-0.04	0.03	0.04	0.03	-0.03	0.03	-0.01
2014	0.92	0.81	0.85	0.80	0.83	0.74	0.81	-0.03	0.04	0.05	0.04	-0.01	0.06	0.01

资料来源：根据UIBE GVC Index数据库整理而来。

4.2.2.3　知识密集型制造业国际分工特征和GVC分工地位

表4.13和表4.14分别为知识密集型制造业的前向分工和后向分工参与度、知识密集型制造业行业的出口DVAR和GVC分工地位指数。

从表4.13可知，知识密集型制造业中的化学原料、化学用品制造业和电子及通信设备制造业的国际分工参与度较高，但前者主要以前向参与为主，其前向分工参与度是知识密集型制造业中最高的，后者主要以后向参与为主，其后向分工参与度是知识密集型制造业中最高的。而医药制造业的国际分工参与度最低，其后向分工参与度在知识密集型制造业中是最低的。其他知识密集型制造业的前后向分工参与度差异不大，但主要以后向分工为主。

结合表 4. 14 可知，知识密集型制造业中国际分工参与度最低的医药制造业，其 DVAR 最高，而国际分工参与度最高的电子及通信设备制造业的 DVAR 值最低。知识密集型制造业的 GVC 分工地位均是较低的，特别是国际分工参与度最高的电子及通信设备制造业的 GVC 分工地位是知识密集型制造业中最低的。专用设备制造业和国际分工参与度较低的医药制造业的 GVV 分工地位较高。2014 年的 DVAR 和 GVC_P 相比 2000 年而言，DVAR 的值并未得到改善，除交通运输设备制造业外的其他知识密集型制造业的 GVC 分工地位有所提升。

表 4. 13　　知识密集型制造业前向和后向分工参与度

年份	前向分工参与度							后向分工参与度						
	化学原料、化学用品制造业	医药制造业	电子及通信设备制造业	电气机械及器材制造业	普通机械制造业	专用设备制造业	交通运输设备制造业	化学原料、化学用品制造业	医药制造业	电子及通信设备制造业	电气机械及器材制造业	普通机械制造业	专用设备制造业	交通运输设备制造业
2000	0. 30	0. 08	0. 14	0. 11	0. 09	0. 14	0. 08	0. 18	0. 10	0. 29	0. 18	0. 15	0. 14	0. 17
2001	0. 29	0. 08	0. 15	0. 11	0. 10	0. 16	0. 08	0. 16	0. 09	0. 29	0. 16	0. 14	0. 13	0. 16
2002	0. 29	0. 09	0. 14	0. 11	0. 09	0. 17	0. 09	0. 18	0. 10	0. 31	0. 17	0. 15	0. 14	0. 17
2003	0. 28	0. 09	0. 13	0. 11	0. 09	0. 16	0. 06	0. 20	0. 11	0. 35	0. 21	0. 18	0. 18	0. 20
2004	0. 27	0. 08	0. 12	0. 11	0. 08	0. 18	0. 07	0. 24	0. 13	0. 37	0. 23	0. 21	0. 21	0. 22
2005	0. 27	0. 08	0. 12	0. 11	0. 09	0. 18	0. 08	0. 24	0. 13	0. 37	0. 23	0. 21	0. 21	0. 22
2006	0. 28	0. 09	0. 13	0. 12	0. 10	0. 18	0. 06	0. 24	0. 13	0. 37	0. 24	0. 21	0. 21	0. 22
2007	0. 28	0. 09	0. 12	0. 12	0. 10	0. 18	0. 06	0. 24	0. 13	0. 39	0. 24	0. 21	0. 21	0. 22
2008	0. 29	0. 09	0. 13	0. 12	0. 11	0. 18	0. 07	0. 23	0. 12	0. 36	0. 23	0. 20	0. 19	0. 21
2009	0. 29	0. 09	0. 14	0. 12	0. 11	0. 17	0. 05	0. 19	0. 10	0. 30	0. 19	0. 17	0. 16	0. 18
2010	0. 30	0. 10	0. 15	0. 13	0. 11	0. 18	0. 03	0. 22	0. 11	0. 31	0. 22	0. 19	0. 17	0. 20
2011	0. 30	0. 10	0. 16	0. 13	0. 13	0. 16	0. 04	0. 22	0. 12	0. 30	0. 22	0. 20	0. 18	0. 20
2012	0. 30	0. 10	0. 15	0. 14	0. 13	0. 16	0. 04	0. 21	0. 10	0. 29	0. 21	0. 18	0. 16	0. 19
2013	0. 30	0. 10	0. 16	0. 14	0. 12	0. 18	0. 05	0. 20	0. 10	0. 28	0. 21	0. 18	0. 16	0. 18
2014	0. 31	0. 10	0. 17	0. 14	0. 13	0. 18	0. 07	0. 18	0. 09	0. 26	0. 18	0. 16	0. 14	0. 16

资料来源：根据 UIBE GVC Index 数据库整理而来。

表 4.14　知识密集型制造业出口 DVAR 和 GVC 分工地位指数

年份	DVAR							GVC_P						
	化学原料、化学用品制造业	医药制造业	电子及通信设备制造业	电气机械及器材制造业	普通机械制造业	专用设备制造业	交通运输设备制造业	化学原料、化学用品制造业	医药制造业	电子及通信设备制造业	电气机械及器材制造业	普通机械制造业	专用设备制造业	交通运输设备制造业
2000	0.80	0.90	0.69	0.81	0.84	0.85	0.83	0.10	-0.02	-0.13	-0.06	-0.05	0.00	-0.08
2001	0.81	0.91	0.70	0.82	0.85	0.86	0.83	0.10	-0.01	-0.11	-0.05	-0.04	0.02	-0.08
2002	0.79	0.90	0.66	0.81	0.84	0.85	0.82	0.09	-0.01	-0.14	-0.06	-0.05	0.02	-0.07
2003	0.76	0.89	0.62	0.78	0.80	0.81	0.79	0.06	-0.02	-0.18	-0.09	-0.08	-0.02	-0.13
2004	0.72	0.87	0.60	0.75	0.78	0.78	0.77	0.02	-0.04	-0.20	-0.11	-0.11	-0.03	-0.13
2005	0.71	0.86	0.60	0.75	0.78	0.78	0.77	0.02	-0.05	-0.20	-0.10	-0.10	-0.02	-0.13
2006	0.71	0.86	0.59	0.75	0.78	0.78	0.77	0.03	-0.04	-0.19	-0.10	-0.09	-0.02	-0.14
2007	0.71	0.86	0.58	0.74	0.77	0.77	0.77	0.04	-0.04	-0.21	-0.10	-0.10	-0.03	-0.14
2008	0.72	0.87	0.61	0.75	0.78	0.79	0.78	0.05	-0.03	-0.19	-0.09	-0.08	-0.01	-0.12
2009	0.75	0.89	0.66	0.78	0.81	0.82	0.81	0.08	0.00	-0.14	-0.06	-0.06	0.01	-0.12
2010	0.72	0.88	0.64	0.76	0.79	0.81	0.80	0.06	-0.01	-0.13	-0.08	-0.07	0.00	-0.15
2011	0.71	0.88	0.65	0.75	0.78	0.80	0.79	0.06	-0.02	-0.12	-0.08	-0.06	-0.01	-0.14
2012	0.73	0.89	0.66	0.76	0.79	0.82	0.80	0.07	-0.01	-0.11	-0.06	-0.05	0.00	-0.14
2013	0.74	0.89	0.67	0.76	0.80	0.82	0.81	0.08	0.00	-0.10	-0.06	-0.05	0.01	-0.12
2014	0.76	0.90	0.69	0.79	0.82	0.84	0.82	0.11	0.01	-0.08	-0.04	-0.03	0.03	-0.08

资料来源：根据 UIBE GVC Index 数据库整理而来。

4.3　基于功能活动的出口国内增加值和出口功能专业化分析

以增加值为基础的贸易核算方法纠正了传统总值贸易对一国产业出口比较优势的误判，但总的增加值贸易的核算未区分功能活动，如研发、管理、市场及制造等不同功能环节所创造的增加值。基于要素收益分配原理，高级要素的收益高，同时高级要素投入密集的环节将成为价值链的主导环节并具有较高的收益。从上文的分析中可知，2000—2014 年中国制造业出口规模和出口国内增加值在不断上升，那么在出口的“量”不断上升的同时，中国制造业出口的“质”如何，即研发、营销和管理等高级要素所主导的研发环节、营销环节和管理环节对增加值的贡献如何，这对于中国经济更好地向高质量发展转型和实现全球价值链下的制造业升级具有重要的意义。借助于近年来全球价值链测算的不断完善，特别是 Chen 等（2018）和 Timmer 等（2019）基于功能角度对出口增加值核算方法的提出，国内外学者不断开展区分功能活动类型的出口国内增加值的测算，并在此基础上计算不同功能的出口国内增加值和出口功能的专业化。国内比较典型的是王振国等（2021、2020）的研究。

王振国等（2021）借助世界投入产出数据库和 Timmer 等（2019）开发的劳动力职业数据库（Labor Occupations Database，LOD）对中国 2000—2014 年总的行业和不同行业从事管理、研发、市场和制造活动的出口国内增加值进行计算。课题组也尝试进行相应的分解测算，但因时间关系及当前无法获得劳动力职业数据库，所以主要借助于王振国等（2021、2020）的研究成果对中国制造业基于出口功能进行的增加值的分解测算结果和出口功能专业化水平的测算进行分析。

LOD 提供了 1999—2011 年国家—部门层面的较为详细的不同劳动力职业类型所得报酬占总劳动报酬的比重，王振国等基于数据库的构建方法将其中的劳动力职业数据延长更新至 2014 年，以便与世界投入产出数据库进行匹配。借助 Wang 等（2020）在全球投入产出模型框架下基于分功能活动类型的出口国内增加值的测算方法测算中国区分功能活动类型后的出口国内增加值，可表示为：

$$dva^k = \hat{g}^k B\hat{e}\iota = \hat{g}^k B\hat{e} = \begin{bmatrix} \hat{g}_1^k B_{11}\hat{e}_1 + \cdots + \hat{g}_1^k B_{1G}\hat{e}_G \\ \vdots \\ \hat{g}_G^k B_{G1}\hat{e}_1 + \cdots + \hat{g}_G^k B_{GG}\hat{e}_G \end{bmatrix} = \begin{bmatrix} dva_1^k \\ \vdots \\ dva_G^k \end{bmatrix}$$

其中，g^k 表示 k 功能所创造的增加值，计算方法为 $g_i^k(s) = \frac{va_i^k(s)}{x_i^k(s)}$，即 i 国 s 部门 k 功能的增加值系数；B 为里昂惕夫逆矩阵；ι 为元素均为1的加总列向量；e 表示出口，因此某国从事特定功能活动的“真实出口”不仅包含本国行业出口实现的增加值 $\hat{g}_i^k B_{ii} \hat{e}_i$（其中 $i=1, 2, \cdots, G$），还包括通过向其他国家行业提供中间投入品从而间接实现的增加值 $\hat{g}_i^k B_{ij} \hat{e}_j$（$i$ 与 j 不等，$i, j=1, 2, \cdots, G$）。LOD对不同的功能活动和劳动力的职业类型进行了详细的划分，具体如表4.15所示。

表4.15 不同功能活动的描述及代表性职业

功能活动	描述	代表性职业
研发	包括设计、改进产品（或服务、设备、程序）；以及利用新技术、系统和工艺进行基础研究和实验；与设备、硬件、软件、程序和技术知识的维护、自动化、设计/重新设计相关的活动	工程师及相关专业人员、计算机专业人员
制造	中间投入和材料生产，材料的制造或转换以及信息的编码，以使其适用于操作；按照严格规定的程序组装预制构件，形成组件、产品和设备	装配工、机器操作员
市场	包括与现有或潜在买家的售前互动、广告、市场调查、客户管理、品牌或产品管理；在购买商品或服务后向客户提供支持服务，包括培训、服务台、对客户的担保和保修支持；运输、物流和配送，包括对产品、产成品的包装、储存、运输、仓储等	销售人员、客户信息员、客户服务代表
管理	支持制定产品战略的活动；选择何时何地进行新的投资和收购，或销售部分业务，并选择关键业务合作伙伴（如供应商和服务提供商）	总经理、财务经理、人力资源

注：资料参考王振国等（2020）。

4.3.1 基于功能方式的出口国内增加值统计

王振国等（2020）对中国总体（农业和采矿业、制造业和服务业）出口中分功能方式的出口国内增加值进行了测算，并给出了具体的测算结果，如图4.1所示。可看出，基于制造功能的出口国内增加值是最大的，其次是基于市场功能的出口国内增加值，而基于研发的出口国内增加值最小，基于管理的出口国内增加值也较小，研发和管理功能下的出口国内增加值只占制造功能出口国内增加值的10%左右。

2014年我国不同功能活动的出口增加值相比2000年均实现了明显的增长，2014年研发、市场、制造和管理的出口国内增加值分别是2000年的7.9倍、5.67倍、4.64倍和4.43倍。他们还进一步测算了不同功能活动的当年出口国内增加值相比于起始年份的变动比率，并发现研发功能的出口国内增加值增长最快且最明显。由于中国是制造业大国，因此该分解结果对制造业也是适用的。

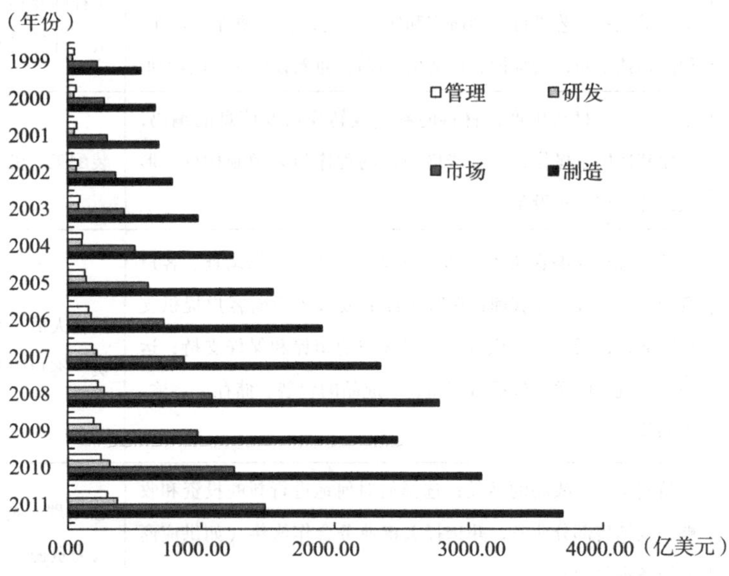

图4.1　中国分功能方式嵌入全球价值链的出口国内增加值变化趋势

注：资料参考王振国等（2020）。

王振国等（2020）在将制造业按照要素密集度的类型区分为劳动密集型、资本密集型和知识密集型后，分别给出了2014年各类制造业的管理、研发、市场和制造功能的出口国内增加值，如表4.16所示。知识密集型制造业的不同功能的出口国内增加值的规模是最大的，而劳动密集型制造业不同功能的出口国内增加值的规模是最小的，资本密集型制造业居中，这与不同要素密集度制造业的出口国内增加值的总规模是一致的。对于不同要素密集型制造业，基于制造功能的出口国内增加值的规模均是最大的，而基于研发（劳动密集型和资本密集型）和管理（知识密集型）的出口国内增加值规模最小。

表4.16　不同要素密集度制造业的2014年不同功能活动出口国内增加值及其变化

行业	管理		研发		市场		制造	
	2014年	变化	2014年	变化	2014年	变化	2014年	变化
劳动密集	15.13	11.24	5.55	4.43	40.40	31.14	320.26	236.94
资本密集	21.54	15.47	15.71	13.34	68.53	54.05	239.75	181.91
知识密集	36.25	30.21	62.57	56.36	124.02	105.46	462.06	401.80

注：资料参考王振国等（2020、2021）。

表4.17给出了不同功能出口国内增加值期末是期初的倍数值，不同要素密集型制造业研发功能的出口国内增加值均是变化最大的，特别是知识密集型制造业期末研发功能的出口增加值是期初的9.08倍，其次是市场和制造的增加值增加幅度也较明显，而基于管理的出口国内增加值增加幅度最小。

表4.17　不同要素密集度制造业不同功能活动出口国内增加值期末是期初倍数

行业	管理（变化/期初，倍）	研发（变化/期初，倍）	市场（变化/期初，倍）	制造（变化/期初，倍）
劳动密集	2.89	3.96	3.36	2.84
资本密集	2.55	5.63	3.73	3.15
知识密集	5.00	9.08	5.68	6.67

注：资料参考王振国等（2020、2021）。

4.3.2 出口功能专业化的统计

结合 Timmer 等（2019）给出的区分内置功能活动的国家和行业层面的出口功能专业化水平测度公式：

$$FS_k^s = \frac{DVA_k^s / \sum_k DVA_k^s}{\sum_s DVA_k^s / \sum_{k,s} DVA_k^s}$$

$$FS_{i,k}^s = \frac{\dfrac{DVA_{i,k}^s}{\sum\limits_k DVA_k^s}}{\dfrac{\sum_s DVA_{i,k}^s}{\sum_{k,s} DVA_k^s}}$$

其中，DVA_k^s 表示 s 国从事 k 功能获得的出口国内增加值；$\sum_k DVA_k^s$ 表示 s 国从事全部 k 功能活动的出口国内增加值之和；$\sum_s DVA_k^s$ 表示全球所有国家从事 k 功能获得的出口国内增加值之和；$\sum_{k,s} DVA_k^s$ 表示全球所有国家从事全部功能活动的出口国内增加值之和；$DVA_{i,k}^s$ 表示 s 国 i 行业从事 k 功能活动的出口国内增加值；$\sum_s DVA_{i,k}^s$ 表示全球所有国家 i 行业从事 k 功能获得的出口国内增加值之和；$\sum\limits_k DVA_k^s$ 和 $\sum_{k,s} DVA_k^s$ 的解释同国家层面；FS_k^s 或 $FS_{i,k}^s$ 大于 1 表示 s 国在 k 功能或 s 国的 i 行业在 k 功能活动的专业化水平较高，具有相对比较优势，反之则为具有相对比较劣势；DVA_i^k 表示 i 行业出口中蕴含的从事 k 功能活动的增加值。

王振国等（2020）对中国总体和分行业的出口功能专业化水平进行了测度，结果如图 4.2 所示。可发现中国制造业出口功能专业化优势最明显的是制造活动，而市场、管理和研发的出口功能专业化指数均小于 1，不具有比较优势。即，中国制造业更多地以制造者的身份嵌入全球生产网络，而研发和管理等总部经济活动则明显处于外围地位，即体现了中国制造业“大而不强”的出口特征。

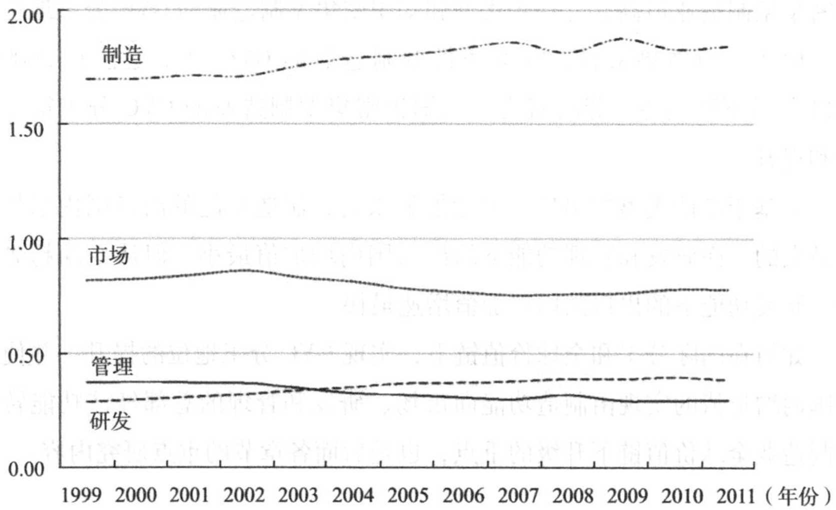

图 4.2　分功能方式嵌入全球价值链的功能专业化变化趋势

注：资料参考王振国等（2020、2021）。

4.4　本章小结

2000—2014 年，中国总体制造业的出口增加值和出口国内增加值均不断扩大，但单位出口的获利能力即 DVAR 呈“W 形”变动趋势，出口国内增加值中最终产品的出口规模和占比均最高；从中国制造业参与国际分工的方式来看，总体而言中国制造业仍主要以后向分工的方式参与全球价值链；中国总体制造业的 GVC 分工地位有所提升。

结合制造业的要素密集度特征来看，知识密集型制造业的出口增加值规模和出口国内增加值规模最高，但其出口 DVAR 却最低。从出口国内增加值的结构来看，劳动密集型和资本密集型制造业以最终产品的出口为主，资本密集型制造业以中间产品出口为主。从国际分工参与来看，资本密集型制造业的国际分工参与度最高，且主要以前向分工为主，劳动密集型和知识密集型制造业主要进行后向参与分工。从 GVC 分工地位来看，资本密集型制造业最高，劳动密集型和知识密集型制造业的 GVC 分工地位较低，但从变动趋势来看，资本密集型制造业的 GVC 分工地位在 2000—2014 年呈下降趋势，劳动密集型和知识密集型制造业的 GVC 分工得以改善和提升。

从基于功能类型的出口国内增加值来看，制造功能的出口国内增加值是最大的，而研发和管理功能下的出口国内增加值最小，但从变动趋势来看，研发功能下的出口国内增加值增速最快。

如何在国际分工和全球价值链下，实现 GVC 分工地位的提升，并使出口国内增加值的实现由制造功能向市场、研发和管理的总部经济功能转型是制造业全球价值链下升级的重点，也是后面各章节的重点研究内容。

第 5 章

R&D 及外溢对制造业 GVC 分工地位的影响及影响机制检验

5.1 引言

从上文的研究中可知，自2000年以来中国制造业参与国际分工的程度特别是前向分工参与度有所提升，出口贸易规模和出口国内增加值在不断上升，GVC分工地位有所改善。但同时也可知中国出口国内增加值的实现主要依靠制造功能，制造功能的实现主要依靠简单劳动的加工制造，而基于研发的技术和知识密集型活动的出口功能专业化水平仍较低。结合要素收益原理和全球价值链价值分布规律可知，在价值链中具有主导地位和高收益的环节通常更多需要研发、知识、营销和管理等高级要素参与完成。结合当前中国进行创新驱动发展和经济高质量发展的背景，R&D所代表的创新投入的增加能否提升中国制造业参与全球价值链的分工地位，中国制造业在嵌入国际分工进口国外中间产品能否通过R&D外溢提升GVC分工地位，R&D及外溢通过什么机制影响制造业的全球价值链分工地位？

国内较多学者也研究过创新对全球价值链下制造业升级的影响，如曾繁华等（2015）、宋晶和陈劲（2016）、张磊和刘长庚（2019）等均认为研发创新是推动中国制造业全球价值链攀升的关键路径，是驱动中国制造业摆脱“大而不强”，实现转型升级的必经之路。杨水利和杨祎（2019）对比了技术引进、模仿创新和自主创新对全球价值链嵌入地位影响的差异，发现技术引进和模仿创新对全球价值链地位的影响呈“U形”关系，而自主创新对全球价值链地位的影响呈“倒U形”关系。陈艺毛等（2019）实证检验了进口贸易和FDI的研发外溢对制造业全球价值链地位的影响，并发现贸易渠道的研发外溢，特别是前向研发外溢效应明显。

而对于中间产品进口的研发外溢效应的研究最早可追溯到Coe和Helpman（1995，以下简称CH），后续许多学者均在此基础上不断尝试改进研发外溢的测算方法，如Lichtenberg和van P. Potterie（1998，以下简称LP）、Xu和Wang（1999）等。除了测算一国行业层面总的进口贸易研发外溢资本，Verspagen（1997）、Braconier 和 Sjoholm（1998）、Frantzen（2002）、Keller（2002）测算了行业间和行业内的研发外溢资本；国内学者通过构建产业间的技术相似度矩阵，如尹静和平新乔（2006）、潘文卿等（2011）采用类似的方法测算行业间和行业内的研发外溢。基于投入产出技术的发展以及空间计量经济模型的应用，一些学者以里昂惕夫逆矩阵和高斯逆矩阵为基础构建空间权重矩阵来测算产业间的前后向关联效应，如朱平芳等（2016）以2007年投入产出表为基础构造空间权重矩阵；陈艺毛和李春艳（2019）以完全消耗系数矩阵为基础构建产业间的后向关联权重矩阵，以完全分配系数为基础构建产业间的前向关联效应矩阵测算行业间的前后向关联效应的R&D外溢。

以往有关R&D投入及外溢效应的影响主要集中于对制造业全要素生产率或经济增长率的影响，R&D及外溢对制造业全球价值链分工地位影响的研究较少，更缺乏有关影响机制的分析；有关中间产品进口对制造业全球价值链地位的影响主要从数量、种类和质量的角度，忽略了中间产品进口所蕴含的国外R&D要素的影响。因此，希望本书的研究可以做出相应的贡献。

5.2 理论基础与研究假说

5.2.1 理论基础

R&D因知识和技术含量高，投入的成本高，具有高级要素的特征，如研发成功获得技术优势，实现由0到1的新创造或在原有基础上带来产品质量的改善，使制造业实现产品升级甚至功能升级和链条升级。R&D所蕴含的知识和技术等高级要素投入的增加改变了价值链所在环节的要素密集度，由简单劳动力投入为主向R&D创新投入为主的转变有利于制造业向研发创新等高增值和高分工地位环节转移，实现由原始设备制造商（OEM）向原始设计制造商（ODM）和原始品牌制造商（OBM）的转型升级。因此，理论上 R&D 投入的增加有利于制造业全球价值链分工地位的提升。R&D 所代表的技术和知识等高级要素除了依靠自主培育外，要素流动理论（张幼文，2013）还提到高级要素具有高流动性，结合全球价值链下的生产工序分工的特征，发达国家的跨国公司进行全球资源配置时带来技术、知识等高级要素流向发展中国家，因此中国参与 GVC 分工，特别是在后向参与下会大量进口国外的中间产品，而从发达国家进口的中间产品通常蕴含着国外 R&D 投入所产生的知识和技术，并会通过中间产品进口的 R&D 外溢实现对发达国家知识和技术等高级要素的集聚，对 R&D 外溢的知识和技术等高级要素的吸收和转化也将有利于制造业全球价值链分工地位的提升。

另外，高级要素的培育和集聚还需要合理的体制机制等广义要素的参与，特别是 R&D 投入到创新的实现具有较高的不确定性，如何提升 R&D 向创新产出转化的效率和数量，特别是在当前中国进行创新驱动，R&D 投入经费不断增加的背景下①，更好促进制造业的价值链升级，对此课题组认为还需理清 R&D 投入影响制造业价值链升级的机制。课题组结合 R&D 投入向创新转化的系统性和链条性特征进行影响机制检验，并据此提出本章的研究假说。

5.2.2　研究假说

黄艳等（2020）认为创新是一个连续的链条性行为，首先从创新思想出现，投入 R&D 进行基础研究和应用研究后形成新发现、新发明等科技成果，再对科技创新成果进行开发与加工、制造与推广后，形成新产品和销售收入。因此，创新链表现为上游的 R&D 投入转化为中游的专利等科

① 中国的 R&D 经费投入总量在 2013 年超过日本后稳居世界第二位，R&D 经费投入强度（R&D 经费占 GDP 的比例）自 2014 年连续 5 年超过 2%，2018 年达到 2.19%，接近 OECD 成员 2.37% 的平均水平。

技成果并对科技成果进行应用，形成下游的新产品并销售。但是在创新链上容易出现间断点，特别是 R&D 投入到形成科技成果间，科技成果向商业化应用的环节也易出现断裂点。而一旦在以上关键环节出现断裂点，R&D 的经济收益将为 0，R&D 投入对于制造业企业来说就是沉没成本支出，并会通过产业间的关联将该成本进行转移，不利于本行业或其他行业竞争力的提升。而科技机构在将创新投入转化为产出的过程中发挥着重要的桥梁作用，有利于产学研合作的开展，防止创新链条的断裂，进而提升 R&D 投入转化为科技成果和经济成果的数量。

科技机构提供的科技服务对于产学研合作的进行、R&D 投入向产出转化的效率发挥重要的作用。对于制造业来说，企业的科技机构是企业开展技术创新活动的基本组织形式和优化各类科技资源配置的重要载体（庞景安等，2008）。企业的科技机构在企业中通常发挥着创新转化的作用，是重要的产学研的桥梁和机构。科技机构将提升 R&D 投入转化为产出的效率，有利于形成先进科技和技术等高级要素，科技机构还会将 R&D 外溢技术进行消化吸收进行二次创新，提升对高级要素的吸收和集聚能力，而高级要素的获得会改变制造业的要素禀赋结构，使制造业能参与更多的高级要素密集型的生产环节，获得更高的收益，提升制造业的话语权、地位和获利能力。因此，科技机构提供的产学研合作服务有利于防止创新链条的断裂，提升对 R&D 投入的知识和技术等高级要素的吸收和转化，进而提升制造业的全球价值链地位。

据此本书提出理论假说 5.1：科技机构提供的产学研合作服务是 R&D 影响制造业全球价值链地位的机制之一。

R&D 投入带来多少科技成果和经济成果的转化，R&D 所代表的知识和技术等高级要素的投入如果不能有效转化为创新产出，那么对制造业而言即意味着无法获得科技优势和经济收益，则在国际分工下也无法实现出口获利水平和分工地位水平的提升。专利所代表的科技成果越多越有可能获得知识产权保护，将有利于制造业企业在专利保护期内依靠垄断优势实现分工收益和地位的提升。进一步对科技成果进行商业化的应用开发，形成质量更高和种类更丰富的新产品，有利于制造业由 OEM 向 ODM 和 OBM 转型。

据此本书提出研究假说5.2：科技成果和经济成果所代表的创新产出数量是R&D影响制造业价值链升级的机制之二。

本章以2000—2014年中国18个制造业行业的面板数据为研究对象，实证研究R&D对制造业GVC分工地位的影响。本章检验了国内R&D所代表的高级要素培育和中间产品进口R&D外溢所代表的高级要素集聚的影响，并且实证研究了行业间前向关联和后向关联的R&D外溢的影响，通过中介效应模型对R&D影响制造业GVC分工地位的机制进行检验。与以往有关研究相比，本章的边际贡献体现在以下两个方面：第一，全面检验R&D及外溢效应的影响，包括国内和国际的R&D、行业间的前向和后向R&D外溢效应的影响；第二，影响机制的检验，本章结合创新从投入到产出具有链条性特征，其中产学研能否有效结合，以及R&D能否转化为科技产出和经济产出作为R&D对制造业GVC升级的影响机制进行检验。

本章接下来的安排如下，第3部分对研究变量的设定及数据来源进行解释说明，第4部分为基本的实证研究，第五部分为研究结论。

5.3 模型设定与数据来源

5.3.1 模型设定

为检验R&D及外溢对制造业GVC分工地位的影响，本章构建以下基准计量回归模型：

$$GVC\_P_{it} = \alpha_i + \alpha^{sd}\ln R_{it}^{sd} + \alpha^{sf}\ln R_{it}^{sf} + \alpha^{odf}\ln R_{it}^{odf} + \alpha^{odb}\ln R_{it}^{odb} + \alpha^{off}\ln R_{it}^{off} + \alpha^{ofb}\ln R_{it}^{ofb} + \sum_{k=1}^{n}\beta_k X_{it} + \theta_i + \delta_t + \varepsilon_{it} \quad (5.1)$$

其中，i表示行业；t表示时间；GVC_P_{it}表示t年i行业GVC分工地位；$\ln R_{it}^{sd}$、$\ln R_{it}^{sf}$、$\ln R_{it}^{odf}$、$\ln R_{it}^{odb}$、$\ln R_{it}^{off}$和$\ln R_{it}^{ofb}$分别表示国内行业内的R&D

资本、国外中间产品进口的行业内 R&D 外溢、国内行业间前向和后向关联的 R&D 外溢、国外中间产品进口的行业间前向和后向关联的 R&D 外溢的对数值。X_{it} 为一组相关控制变量，主要从两个方面来选取控制变量：一是反映高级要素培育和配置水平；二是其他影响高级要素的培育和配置的广义要素。前者主要包括各行业的研发人员数量所代表的人力资本水平、各行业的外资占比所反映的各行业对国外高级要素的集聚水平；后者主要包括各行业人均资本存量（K/L）所代表的要素禀赋结构、各行业的工资水平（行业总劳动报酬/行业就业人数）所反映的部门生产率水平。θ_i 表示不可观测的行业固定效应；δ_t 表示时间固定效应；ε_{it} 为随机误差项。

对制造业 GVC 分工地位影响机制的检验，本章通过构建中介效应模型和 Sobel 检验进行验证：

$$GVC\_P_{it} = c_0 + c\ln R_{it} + \sum_{k=1}^{n} \beta_k X_{it} + \theta_i + \delta_t + \varepsilon_{it} \text{（路径 c）}$$

$$M_{it} = a_0 + a\ln R_{it} + \sum_{k=1}^{n} \beta_k X_{it} + \theta_i + \delta_t + \varepsilon_{it} \text{（路径 a）}$$

$$GVC\_P_{it} = \alpha_0 + c'\ln R_{it} + b M_{it} + \sum_{k=1}^{n} \beta_k X_{it} + \theta_i + \delta_t + \varepsilon_{it} \text{（路边 b and c'）}$$

中介效应检验包括路径 c、路径 a、路径 b and c' 三个模型，其中路径 c 为因变量仅对自变量的回归、路径 a 为中介变量对自变量的回归、路径 b and c' 为因变量对自变量和中介变量的回归。同上文一样，GVC_P_{it} 为制造业 i 在 t 年的出口国内增加值率；M_{it} 为中介变量，共有 3 个，分别为各行业有科技机构的企业数（lninum）、各行业的专利申请量（lnpatent）和各行业新产品销售收入（lnnsale）的对数值。Soble 检验的原假为 H_0：$ab=0$，如果拒绝原假设，就表明中介效应存在，通过 Soble 检验的 Sobel 值来判断，如果 Sobel 检验值低于 0.1，即拒绝原假设。

5.3.2 样本和变量

5.3.2.1 样本说明

本章对 GVC 分工地位的测算参考 KPWW（2010）的方法，并基于

UIBE GVC Index数据库对双边贸易流的分解结果进行测算，上文已经介绍了计算方法和数据库的基本情况，在此不再赘述。国内R&D支出及R&D人员的数据来自历年《中国科技统计年鉴》，本章以分行业大中型工业企业科技活动内部经费支出和分行业大中型（规模以上）工业企业R&D经费内部支出数据作为R&D支出数据。各制造业行业的研发人员以分行业大中型工业企业的科技活动人员数、大中型（规模以上）工业企业R&D人员数来表示。中国从其他国家（地区）[①]的中间品进口额以及其他国家各制造业行业的R&D支出数据均来自OECD STAN数据库。控制变量中各行业的外资占比，使用港澳台资本与外商资本占工业总产值的比重来测算，来自历年《中国工业统计年鉴》；各行业的人均资本存量（K/L）和工资水平主要来自WIOD数据库的社会经济账户（SEA）账户，经济自由度主要来自加拿大弗雷泽研究所，基础设施的数据来自世界银行数据库。中介效应模型中用到的各行业有技术开发机构的企业数、各行业的专利申请量和各行业的新产品销售收入［使用新产品销售收入占销售（主营业务）收入的比重来测算］均来自历年《中国工业统计年鉴》。

由于涉及的变量来自多个数据库，各数据库对制造业的分类标准不同，本章在不重复和不遗漏的原则基础上对各数据库中的制造业行业进行归并和匹配，形成了18个制造业行业，并按照要素密集度进一步划分为劳动密集型、资本密集型和知识密集型制造业，归并后的结果同上文的表4.4，在此不再描述呈现。

5.3.2.2 变量及数据

被解释变量GVC_P的计算是在WWZ（2013）的对双边贸易流的分解方法和UIBE GVC Index数据库的基础上进行的测算，并在上文进行过解释，在此不再赘述。

国内外行业内的R&D资本存量的计算采用永续盘存法，具体公式为$R_{it}^{sd} = (1-\delta)\,R_{i,t-1}^{sd} + I_{i,t-1}$，$R_{it}^{d}$为一国$i$行业在$t$年的研发资本存量，其中$\delta$

---

① 本章的中间品进口来源国（地区）均为OECD成员，且由于部分国家的研发支出数据缺失，因此，进口来源国主要是澳大利亚、奥地利、比利时、加拿大、德国、西班牙、芬兰、法国、英国、意大利、日本、韩国、美国。

为折旧率，选取 10% 作为折旧率。由于各国研发支出数据的缺失，本章在计算基期研发资本存量时，国内选取 1993 年为基期，国外选取 1998 年为基期，$R_{i,1993/1998} = \frac{I_{i,1993/1998}}{g+\delta}$，据此计算出国内同行业以及国际同行业的基期研发资本存量，即 R_{it0}^{sd} 和 R_{it0}^{sf}，并将基期 R&D 资本数据代入 $R_{it}^{sd} = (1-\delta) R_{i,t-1}^{sd} + I_{i,t-1}$，计算出历年国内外 R&D 资本。中间产品进口的行业内 R&D 外溢的计算借鉴 LP（1998），即 $R_{it}^{sf} = \sum \frac{m_{ikt}}{y_{ikt}} R_{kt}^{d}$，其中 m_{ikt} 为 t 期行业 i 从 k 国的进口额，y_{ikt} 为 t 期 k 国行业 i 的国内生产总值，R_{kt}^{d} 为 t 期 k 国的 R&D 资本存量，R_{it}^{sf} 为国内行业 i 通过中间产品进口获得的国外行业内 R&D 外溢。

由于行业间具有投入产出的行业关联并带来 R&D 外溢，本章进一步基于里昂惕夫逆矩阵和高斯矩阵所代表的完全消耗关系测算行业间的前向和后向关联的 R&D 外溢。具体测算方法如下：

采用 2000—2014 年中国投入产出系数分别计算出国内和进口部门的里昂惕夫和高斯矩阵，矩阵元素分别为 l_{ij} 和 g_{ij}，并以此为基础计算出中国国内部门产业间的前后向关联矩阵以及中国国内与进口部门产业间的前后向关联矩阵，据此计算产业间前后向关联的 R&D 外溢资本。里昂惕夫逆矩阵为：

$$L = \begin{bmatrix} l_{11} & \cdots & l_{1n} \\ \vdots & \ddots & \vdots \\ l_{n1} & \cdots & l_{nn} \end{bmatrix} = \begin{bmatrix} 1+b_{11} & \cdots & b_{1n} \\ \vdots & \ddots & \vdots \\ b_{n1} & \cdots & 1+b_{nn} \end{bmatrix}$$

其中，l_{ij} 表示某一行业 j 生产一件最终产品所直接和间接消耗的 i 部门产品的数量，矩阵 L 中任意一列的列和即为生产一单位最终产品所直接和间接消耗的各种中间产品的数量。将矩阵 L 减去矩阵 L_0 调整为主对角线为 0 的矩阵 L_1，即：

$$L_1 = L - L_0 = \begin{bmatrix} 1+b_{11} & \cdots & b_{1n} \\ \vdots & \ddots & \vdots \\ b_{n1} & \cdots & 1+b_{nn} \end{bmatrix} - \begin{bmatrix} 1+b_{11} & \cdots & 0 \\ \vdots & \ddots & \vdots \\ 0 & \cdots & 1+b_{nn} \end{bmatrix}$$

对矩阵 L_1 进行标准化后得到前向溢出权重矩阵 W_F，矩阵 W_F 的第 j 列

的元素 w_{ij} 为当各上游行业分别增加生产一个单位中间产品对行业 j 的供给程度，则 $R_j^{odf} = \sum_{i \neq j} w_{ij} R_i^{sd}$ ，R_j^{odf} 为除行业 j 外，其他产业通过前向关联（供给关系）对行业 j 的前向溢出之和。高斯矩阵为

$$G = \begin{bmatrix} g_{11} & \cdots & g_{1n} \\ \vdots & \ddots & \vdots \\ g_{n1} & \cdots & g_{nn} \end{bmatrix} = \begin{bmatrix} 1 + d_{11} & \cdots & d_{1n} \\ \vdots & \ddots & \vdots \\ d_{n1} & \cdots & 1 + d_{nn} \end{bmatrix}$$

其中，g_{ij} 表示某一部门产品通过直接和间接的方式分配到其他部门的数量。

$$G_1 = G^T - G_0 = \begin{bmatrix} 1 + d_{11} & \cdots & d_{1n} \\ \vdots & \ddots & \vdots \\ d_{n1} & \cdots & 1 + d_{nn} \end{bmatrix} - \begin{bmatrix} 1 + d_{11} & \cdots & 0 \\ \vdots & \ddots & \vdots \\ 0 & \cdots & 1 + d_{nn} \end{bmatrix}$$

对矩阵 G 进行转置后得到 G^T ，减去主对角线为0的矩阵 G_0 ，得到矩阵 G_1 ，对 G_1 进行标准化后得到后向溢出矩阵 W_B ，矩阵 W_B 的第 j 列元素为当下游产业部门分别增加一单位最终需求对 j 部门的影响程度，$R_j^{odb} = \sum_{i \neq j} w_{ij} R_i^{sd}$ 即为通过后向关联（需求关系）行业 j 的R&D外溢资本。使用进口部门的投入产出表计算出进口部门的里昂惕夫逆矩阵和高斯矩阵，并采用类似的方法计算国际前向研发外溢资本 R_j^{off} 和国际后向研发外溢资本 R_j^{ofb} 。

5.3.2.3 统计描述

本章对因变量、主要的解释变量及控制变量的统计特征进行了描述，如表5.1所示。

表5.1 主要变量的描述性统计

变量	观测值	平均值	标准差	最小值	最大值
GVC_P	270	-0.027	0.065	-0.212	0.155
$\ln R^{sd}$	270	15.170	1.429	11.330	17.740
$\ln R^{sf}$	270	21.130	4.442	15.890	46.580
$\ln R^{odf}$	270	15.140	1.478	11.010	17.710
$\ln R^{off}$	270	21.010	4.617	15.390	46.700
$\ln R^{odb}$	270	14.970	1.405	11.200	17.980
$\ln R^{ofb}$	270	20.420	5.021	13.210	46.560

续表

变量	观测值	平均值	标准差	最小值	最大值
ln*prd*	270	11.020	1.213	7.402	13.130
fdi	270	0.103	0.235	0.005	3.816
ln*k*	270	5.038	0.912	3.314	7.715
ln*wage*	270	10.200	0.728	8.673	12.050
ln*nsale*	270	16.400	1.712	11.110	20.260
ln*patent*	270	7.945	1.856	2.197	11.550
ln*inum*	270	6.208	1.246	2.773	8.528

资料来源：作者根据统计软件分析整理而来。

5.4 实证研究

5.4.1 基准回归结果

以国内行业内的 R&D 和本行业中间产品进口的 R&D 外溢，以及国内外行业间的前向和后向 R&D 外溢为解释变量，表 5.2 报告了 R&D 和外溢对制造业 GVC 分工地位的影响。因采用的是面板数据回归，Hausman 检验支持进行固定效应（FE）回归。表 5.2 的（1）—（3）列为固定效应回归的结果，从（1）—（3）列可看出在加入所有控制变量后，主要核心解释变量如国内行业内的 R&D、国外中间产品进口的行业内 R&D 外溢的影响均显著为负，而国内外行业间前向和后向 R&D 外溢的影响不显著。为解决 R&D 和 GVC 地位间可能存在的内生性问题，进一步以核心解释变量的滞后二阶作为工具变量进行 GMM 回归，并通过了 Sagan 检验，表 5.2 的（4）—（6）列为 GMM 回归的结果，$\ln R^{sd}$ 和 $\ln R^{sf}$ 的系数仍显著为负，行业间前向和后向关联的 R&D 资本外溢的系数仍不显著。因此，在解决内生性问题后，实证研究结果仍成立。

表5.2 基准回归结果

变量	(1) FE	(2) FE	(3) FE	(4) GMM	(5) GMM	(6) GMM
	GVC_P	GVC_P	GVC_P	GVC_P	GVC_P	GVC_P
$\ln R^{sd}$	-0.0020***	-0.0020***	-0.0020***	-0.0007***	-0.0010	-0.0010**
	(-5.86)	(-5.84)	(-5.84)	(-4.74)	(-1.71)	(-2.74)
$\ln R^{sf}$	-0.0001**	-0.0001**	-0.0001**	-0.0001*	-0.0001	-0.0001*
	(-2.47)	(-2.54)	(-2.53)	(-1.92)	(-1.75)	(-1.87)
$\ln R^{odf}$		0.0001			0.0003	
		(0.07)			(0.97)	
$\ln R^{off}$		0.0001			0.0001	
		(0.90)			(0.13)	
$\ln R^{odb}$			-0.0001			0.0002
			(-0.78)			(0.90)
$\ln R^{ofb}$			0.0001			0.0001
			(1.11)			(0.27)
ln*prd*	0.001***	0.001***	0.001***	0.0001	0.0003	0.0002
	(2.87)	(2.88)	(2.88)	(0.30)	(0.46)	(0.44)
fdi	-0.0003	-0.0003	-0.0003	-0.0004	-0.0006	-0.0005
	(-0.72)	(-0.69)	(-0.73)	(-1.38)	(-0.38)	(-0.43)
ln*k*	-0.0001	-0.0001	0.0001	0.0002	-0.0001	-0.0001
	(-0.26)	(-0.38)	(0.22)	(1.41)	(-0.44)	(-0.34)
ln*wage*	0.0001	0.0001	0.0001	0.0008***	0.0006**	0.0006***
	(0.71)	(0.68)	(0.65)	(11.97)	(2.90)	(4.27)
行业固定效应	是	是	是	是	是	是
Sagan 检验				是	是	是
观测值	270	270	270	270	270	270

注：***、**、*分别表示在1%、5%和10%统计水平上显著，括号内是t值。课题组尽力统一回归结果保留的小数点位数，个别变量的回归系数较小，保留了四位数，下同。

5.4.2 R&D时滞效应检验

研发创新具有长期性和持续性的特征（欧阳耀福等，2021），从R&D投入到形成科技成果和经济成果存在一定的时滞，国内学者的有关研究也

续表

均证实了研发时滞效应的存在（欧阳耀福等，2021；郑海元和李兴杰，2018）。为此，对各核心解释变量取一阶滞后，并实证检验 R&D 的一阶滞后项对 GVC 地位的影响，如表 5.3 所示。(1)—(3) 列仍为固定效应回归结果，(4)—(6) 列为 GMM 的回归结果，从各解释变量的系数可知，国内行业内的 R&D 和国外中间产品进口的行业内 R&D 外溢的滞后一阶对 GVC 地位的影响均显著为正，即对于制造业而言上一年的 R&D 资本的增加将有利于本年 GVC 出口地位的提升。可能因对 R&D 所蕴含的技术和知识进行吸收和转化需要时间，所以 R&D 对制造业的影响存在滞后性。同时，对比国内 R&D 和国外中间产品进口 R&D 外溢一阶滞后项的影响可知，中国制造业 GVC 地位的改善主要来自于国内 R&D 一阶滞后项的影响，国内 R&D 一阶滞后项的系数是国外 R&D 外溢一阶滞后项系数的 5 倍。行业间的前向关联下的 R&D 外溢一阶滞后项对 GVC 地位的影响为负，后向关联下的 R&D 外溢一阶滞后项的影响为正，但均不显著。本部分的实证研究结论支持了上文的理论假设，即国内高级要素的培育和嵌入 GVC 进口中间产品带来的对国外高级要素的集聚和吸收有利于本国 GVC 分工地位的提升，但 R&D 及外溢的影响存在滞后性。

表 5.3　时滞性效应检验结果

变量	(1) FE	(2) FE	(3) FE	(4) GMM	(5) GMM	(6) GMM
	GVC_P	GVC_P	GVC_P	GVC_P	GVC_P	GVC_P
$L\_\ln R^{sd}$	0.0005***	0.0005***	0.0005***	0.0005***	0.0005***	0.0005***
	(4.59)	(4.36)	(4.37)	(7.69)	(6.70)	(6.09)
$L\_\ln R^{sf}$	0.0001***	0.0001**	0.0001***	0.0001***	0.0001***	0.0001**
	(2.64)	(2.60)	(2.61)	(6.59)	(4.32)	(2.81)
$L\_\ln R^{odf}$		-0.0002			-0.0002	
		(-1.43)			(-1.14)	
$L\_\ln R^{off}$		0.0001			0.0001	
		(1.16)			(0.25)	
$L\_\ln R^{odb}$			-0.0002			-0.0002
			(-1.55)			(-0.63)

续表

变量	(1) FE	(2) FE	(3) FE	(4) GMM	(5) GMM	(6) GMM
	GVC_P	GVC_P	GVC_P	GVC_P	GVC_P	GVC_P
$L\_\ln R^{ofb}$			0.0001 (1.18)			0.0001 (0.17)
ln*prd*	-0.0012 *** (-11.37)	-0.0012 *** (-11.25)	-0.0012 *** (-11.16)	-0.0011 *** (-14.20)	-0.0011 *** (-11.82)	-0.0011 *** (-7.99)
fdi	-0.0002 (-0.38)	-0.0002 (-0.37)	-0.0002 (-0.40)	-0.0002 (-0.48)	-0.0002 (-0.25)	0.0003 (0.08)
ln*k*	-0.0001 (-0.73)	0.0001 (0.03)	0.0001 (0.06)	-0.0001 (-0.34)	0.0001 (0.28)	0.0001 (0.56)
ln*wage*	0.0003 (1.47)	0.0003 (1.31)	0.0003 (1.29)	0.0001 ** (2.48)	0.0002 * (1.93)	0.0003 * (1.88)
行业固定效应	是	是	是	是	是	是
Sagan 检验				是	是	是
观测值	255	255	255	255	255	255

注：***、**、* 分别表示在1%、5% 和10%统计水平上显著，括号内是t值。

5.4.3 稳健性检验

接下来，对上文的实证研究结果进行进一步的稳健性检验。结合要素收益分配原理可知，高级要素通常具有高收益，生产过程中高级要素投入的增加有利于制造业由加工制造功能向研发功能转型，并带来研发功能下出口国内增加值率的上升，但因无法直接获得研发功能下的出口国内增加值率的数据，课题组以制造业总体出口国内增加值率代替，并以制造业出口 DVAR 作为因变量进行稳健性检验。表5.4 报告了国内行业内 R&D 和国外行业内 R&D 外溢，以及行业间前向和后向的 R&D 外溢对出口 DVAR 的影响。(1) —(3) 列仍然是固定效应回归结果，$\ln R^{sd}$ 和 $\ln R^{sf}$ 的系数均显著为负，$\ln R^{odf}$ 的系数为正但不显著，$\ln R^{odb}$ 的系数在控制内生性后显著为正；(4) —(6) 列仍以核心解释变量的滞后一阶项作为工具变量进行 GMM 回归，并通过了 Sagan 检验，GMM 回归结果显示各核心解释变量的系数仍显著为负。

表 5.4　　稳健性检验结果

变量	(1) FE	(2) FE	(3) FE	(4) GMM	(5) GMM	(6) GMM
	DVAR	DVAR	DVAR	DVAR	DVAR	DVAR
$\ln R^{sd}$	−0.066***	−0.066***	−0.066***	−0.058**	−0.081**	−0.077*
	(−6.18)	(−6.16)	(−6.16)	(−2.47)	(−2.67)	(−1.90)
$\ln R^{sf}$	−0.005***	−0.005***	−0.005***	−0.002**	−0.003**	−0.003***
	(−6.42)	(−6.43)	(−6.42)	(−2.46)	(−2.42)	(−3.02)
$\ln R^{odf}$		0.001			0.038	
		(0.21)			(1.60)	
$\ln R^{off}$		0.0004			−0.0003	
		(0.50)			(−0.03)	
$\ln R^{odb}$			−0.002			0.051***
			(−0.50)			(3.05)
$\ln R^{ofb}$			0.001			−0.003
			(0.63)			(−0.36)
$\ln prd$	0.063***	0.063***	0.063***	0.062**	0.083**	0.078*
	(5.81)	(5.81)	(5.80)	(2.84)	(2.88)	(1.77)
fdi	−0.013	−0.013	−0.013	0.021	0.023	0.018
	(−0.95)	(−0.92)	(−0.96)	(0.36)	(0.29)	(0.22)
$\ln k$	0.003	0.001	0.005	0.024**	−0.009	−0.026
	(0.69)	(0.17)	(0.73)	(2.44)	(−0.35)	(−1.18)
$\ln wage$	−0.023***	−0.023***	−0.023***	0.089***	0.064***	0.059***
	(−3.49)	(−3.49)	(−3.51)	(5.89)	(3.61)	(4.39)
常数项	1.447***	1.430***	1.456***			
	(21.74)	(17.70)	(19.54)			
行业固定效应	是	是	是	是	是	是
Sagan 检验				是	是	是
观测值	270	270	270	270	270	270

注：***、**、* 分别表示在 1%、5% 和 10% 统计水平上显著，括号内是 t 值。

从上文的基准回归和以往有关学者（欧阳耀福等，2021；郑海元和李兴杰，2018）的研究来看，R&D 的影响存在时滞效应，因此接下来进一步对R&D及外溢性的滞后项的影响进行检验。表5.5报告了R&D的一阶滞后项对出口DVAR的影响，同基准回归类似，分别对$\ln R^{sd}$、$\ln R^{sf}$、$\ln R^{odf}$、$\ln R^{off}$、$\ln R^{odb}$和$\ln R^{ofb}$取一阶滞后作为自变量，实证检验R&D滞后项对当年出口DVAR的影响。表5.5的（1）—（3）列为直接以自变量的一阶滞后进行固定效应回归的结果，（4）—（6）列仍为GMM回归的结果，无论是固定效应回归还是GMM回归，国内行业内R&D的一阶滞后项和国外中间产品进口的行业内R&D外溢一阶滞后项对出口DVAR的影响均显著为正，且前者的回归系数远远大于后者；而国内外行业间前后向关联的R&D外溢的一阶滞后项的影响在两种回归方法下均不太显著。因此，出口DVAR的提升主要来自于行业内，特别是国内行业内R&D的投入，但R&D对出口DVAR的影响仍然存在时滞效应。

表5.5 稳健性检验部分R&D时滞效应的检验

变量	(1) FE 行业内 DVAR	(2) FE 前向 DVAR	(3) FE 后向 DVAR	(4) GMM 行业内 DVAR	(5) GMM 前向 DVAR	(6) GMM 后向 DVAR
$L\_\ln R^{sd}$	0.028 *** (7.86)	0.028 *** (7.65)	0.028 *** (7.62)	0.037 *** (8.41)	0.036 *** (8.12)	0.034 *** (7.79)
$L\_\ln R^{sf}$	0.001 ** (2.16)	0.001 ** (2.11)	0.001 ** (2.13)	0.001 *** (4.87)	0.001 *** (3.87)	0.001 *** (3.14)
$L\_\ln R^{odf}$		−0.003 (−0.78)			0.007 (0.90)	
$L\_\ln R^{off}$		0.001 (0.80)			−0.001 (−0.69)	
$L\_\ln R^{odb}$			−0.005 (−1.32)			0.0191 ** (2.26)
$L\_\ln R^{ofb}$			0.001 (0.98)			−0.003 (−0.99)
ln*prd*	−0.023 *** (−6.71)	−0.022 *** (−6.61)	−0.022 *** (−6.53)	−0.023 *** (−4.62)	−0.023 *** (−4.98)	−0.024 *** (−6.53)
fdi	−0.005 (−0.38)	−0.005 (−0.37)	−0.005 (−0.39)	0.036 (0.66)	0.037 (0.57)	0.038 (0.56)

续表

变量	(1) FE 行业内 DVAR	(2) FE 前向 DVAR	(3) FE 后向 DVAR	(4) GMM 行业内 DVAR	(5) GMM 前向 DVAR	(6) GMM 后向 DVAR
ln*k*	-0.0004 (-0.09)	0.001 (0.25)	0.003 (0.51)	0.010 (1.30)	0.006 (0.53)	-0.004 (-0.36)
ln*wage*	-0.005 (-0.79)	-0.005 (-0.86)	-0.006 (-0.93)	0.039*** (6.93)	0.035*** (3.52)	0.030*** (3.48)
行业固定效应	是	是	是	是	是	是
Sagan 检验				是	是	是
观测值	255	255	255	255	255	255

注：***、** 分别表示在1%、5%统计水平上显著，括号内是t值。

5.4.4 异质性检验

5.4.4.1 劳动和资本密集型制造业的检验

本书结合制造业的要素密集度将制造业区分为劳动和资本密集型以及知识密集型，对不同要素密集度制造业的 R&D 及外溢的影响进行实证检验。表 5.6 为劳动和资本密集型制造业 R&D 及外溢对 GVC 分工地位的影响，表中（1）—（3）列仍为固定效应的回归结果，其中国内行业内的 R&D 和国外中间品进口的行业内 R&D 外溢的系数均显著为负，行业间前向和后向 R&D 外溢效应的影响仍不显著；（4）—（6）列仍为以核心解释变量的二阶滞后项为工具变量进行的 GMM 回归结果，GMM 回归下国内行业内 R&D 的影响为正，但并不总是显著，国内行业间的前向和后向 R&D 外溢对 GVC 地位均有显著正向影响。国外中间品进口的行业内和行业间的 R&D 外溢系数均为负。控制变量人均资本存量的系数特别小，且绝大多数不显著，因此其回归结果不再汇报，下同。

表5.6 劳动和资本密集型制造业的R&D及外溢的影响

变量	(1) FE	(2) FE	(3) FE	(4) GMM	(5) GMM	(6) GMM
	GVC_P	GVC_P	GVC_P	GVC_P	GVC_P	GVC_P
$\ln R^{sd}$	-0.0086***	-0.0009***	-0.0009***	0.0015***	0.0003	0.0007
	(-3.83)	(-3.79)	(-3.80)	(3.42)	(0.73)	(0.94)
$\ln R^{sf}$	-0.00004***	-0.00004***	-0.00004***	-0.00005**	-0.00004	-0.00005
	(-3.31)	(-3.31)	(-3.30)	(-2.51)	(-1.43)	(-1.49)
$\ln R^{odf}$		-0.0000489			0.001*	
		(-0.43)			(2.05)	
$\ln R^{off}$		0.0000111			0.0000561	
		(0.52)			(0.46)	
$\ln R^{odb}$			-0.0000158			0.001**
			(-0.14)			(2.63)
$\ln R^{ofb}$			0.00000775			0.0000132
			(0.36)			(0.10)
ln*prd*	0.0005**	0.0005**	0.0005**	-0.0011***	-0.0004	-0.0007
	(2.01)	(1.99)	(2.00)	(-3.29)	(-0.93)	(-0.93)
fdi	0.0056***	0.0055***	0.0055***	0.0180***	0.0135**	0.0127**
	(3.88)	(3.79)	(3.79)	(5.46)	(2.56)	(2.74)
ln*wage*	-0.0011***	-0.00109***	-0.00109***	-0.00137***	-0.00147***	-0.00165***
	(-6.41)	(-6.33)	(-6.34)	(-4.44)	(-2.99)	(-3.08)
行业固定效应	是	是	是	是	是	是
Sagan 检验				是	是	是
观测值	150	150	150	150	150	150

注：***、**、*分别表示在1%、5%和10%统计水平上显著，括号内是t值。

因R&D影响可能存在时滞性，对R&D及外溢取一阶滞后项后再进行固定效应和GMM回归。表5.7的（1）—（3）列为固定效应回归结果，国内行业内R&D一阶滞后项的系数为负，且均显著，而国外中间品进口的行业内R&D外溢的一阶滞后项系数显著为正，因此从固定效应回归结果来看，劳动和资本密集型制造业GVC分工地位的提升主要来自国外中间产品进口的行业内R&D外溢一阶滞后项的影响，且国外行业间前后向

R&D 外溢一阶滞后项的系数也显著为正，进口 R&D 外溢也会通过国内外行业间的前后向关联效应形成对知识和技术等高级要素的集聚，对其吸收转化后，促进中国劳动和资本密集型制造业 GVC 分工地位的提升。表 5.7 的（4）—（6）列为 GMM 回归结果，国内外行业内 R&D 的一阶滞后项对 GVC 地位的影响仍为正，但并不总是显著，国内外行业间前后向关联效应的 R&D 外溢的影响均不显著。因此总体而言，劳动和资本密集型制造业对国外进口中间产品行业内 R&D 外溢的知识和技术等高级要素进行吸收和转化后能带来劳动和资本密集型制造业 GVC 分工地位的提升。

表 5.7　劳动和资本密集型制造业的 R&D 及外溢滞后项影响

变量	（1）FE	（2）FE	（3）FE	（4）GMM	（5）GMM	（6）GMM
	GVC_P	GVC_P	GVC_P	GVC_P	GVC_P	GVC_P
$L\_\ln R^{sd}$	-0.0004***	-0.0004***	-0.0004***	0.0002***	0.0001	0.0003
	(-5.25)	(-5.25)	(-5.35)	(3.49)	(1.05)	(1.36)
$L\_\ln R^{sf}$	0.0001***	0.0001***	0.0001***	0.00002*	0.00003	0.00003
	(7.17)	(7.04)	(7.09)	(1.91)	(1.46)	(1.68)
$L\_\ln R^{odf}$		-0.0001**			0.0001	
		(-2.11)			(1.57)	
$L\_\ln R^{off}$		0.00004**			-0.00001	
		(2.41)			(-0.65)	
$L\_\ln R^{odb}$			-0.0002**			0.0003
			(-2.24)			(0.61)
$L\_\ln R^{ofb}$			0.00004**			-0.000003
			(2.30)			(-0.06)
ln*prd*	-0.0005***	-0.0005***	-0.0005***	-0.0010***	-0.0007***	-0.0007***
	(-11.35)	(-11.47)	(-11.34)	(-8.77)	(-6.48)	(-6.62)
fdi	0.0020	0.0025*	0.0023	0.0095***	0.0094*	0.0114*
	(1.41)	(1.75)	(1.62)	(3.97)	(2.10)	(2.03)
ln*wage*	-0.0022***	-0.0022***	-0.0022***	0.0004***	-0.0005	-0.0001
	(-11.61)	(-11.87)	(-11.98)	(3.73)	(-1.32)	(-0.46)
行业固定效应	是	是	是	是	是	是
Sagan 检验				是	是	是
观测值	105	105	105	105	105	105

注：***、**、* 分别表示在 1%、5% 和 10% 统计水平上显著，括号内是 t 值。

5.4.4.2 知识密集型制造业

表5.8为对知识密集型制造业的GVC地位影响的实证回归结果，(1)—(3)列仍为固定效应回归结果，从国内外行业内R&D的影响系数来看，国内行业内R&D的系数为正但并不显著，而国外中间品进口的行业内R&D外溢的影响显著为负，国内外行业间前后向关联下的R&D外溢的影响均不显著；(4)—(6)列为GMM回归结果，同固定效应的回归结果，国内行业内的R&D资本影响主要为正但仍不显著，国外中间品进口的行业内R&D外溢效应的影响却显著为负，国内外行业间前后向关联效应下的R&D外溢的影响也不显著。从其他控制变量的回归系数来看，外资占比的各回归结果绝大多数为正，但并不显著，工资所代表的生产率的影响显著为正。

表5.8 知识密集型制造业R&D及外溢的影响

变量	(1) FE	(2) FE	(3) FE	(4) GMM	(5) GMM	(6) GMM
	GVC_P	GVC_P	GVC_P	GVC_P	GVC_P	GVC_P
$\ln R^{sd}$	0.000007 (0.02)	0.000009 (0.03)	0.000009 (0.03)	-0.00008 (-0.34)	0.00007 (0.12)	0.0002 (0.30)
$\ln R^{sf}$	-0.0015 *** (-17.58)	-0.0015 *** (-17.34)	-0.0015 *** (-17.35)	-0.0016 *** (-21.62)	-0.0016 *** (-15.82)	-0.0016 *** (-14.63)
$\ln R^{odf}$		0.0001 (0.57)			0.0001 (0.24)	
$\ln R^{off}$		-0.00000385 (-0.16)			-0.0000159 (-0.33)	
$\ln R^{odb}$			0.0000210 (0.18)			0.000319 (0.82)
$\ln R^{ofb}$			-0.00000408 (-0.16)			-0.0000477 (-1.01)
ln*prd*	-0.0003 (-0.85)	-0.0003 (-0.86)	-0.0003 (-0.85)	0.0014 *** (5.56)	0.0011 (1.32)	0.0007 (0.56)
fdi	0.0002 (0.96)	0.0003 (1.01)	0.0002 (0.93)	-0.0001 (-0.30)	-0.0003 (-0.37)	-0.0004 (-0.31)

续表

变量	(1) FE	(2) FE	(3) FE	(4) GMM	(5) GMM	(6) GMM
	GVC_P	GVC_P	GVC_P	GVC_P	GVC_P	GVC_P
ln*wage*	0.0007 *** (2.92)	0.0007 *** (2.87)	0.0007 *** (2.89)	0.0017 *** (7.25)	0.0017 *** (6.01)	0.0017 *** (6.41)
行业固定效应	是	是	是	是	是	是
Sagan 检验				是	是	是
观测值	105	105	105	105	105	105

注：*** 表示在1%统计水平上显著，括号内是t值。

表5.9为对知识密集型制造业的R&D及外溢取一阶滞后的回归结果，(1)—(3)列仍为固定效应的回归结果，(4)—(6)列为GMM回归结果，国内行业内R&D的一阶滞后项的系数均显著为负，而国外中间品进口的行业内R&D外溢的一阶滞后项系数均显著为正，国内外行业间前后向关联下所对应的R&D外溢的一阶滞后项在固定效应和GMM回归时绝大多数为正，但均不显著。

表5.9　　知识密集型制造业R&D及外溢滞后项的影响

变量	(1) FE	(2) FE	(3) FE	(4) GMM	(5) GMM	(6) GMM
	GVC_P	GVC_P	GVC_P	GVC_P	GVC_P	GVC_P
$L\_\ln R^{sd}$	-0.0017 *** (-3.96)	-0.0017 *** (-3.95)	-0.0018 *** (-3.98)	-0.0015 *** (-8.06)	-0.0019 *** (-5.36)	-0.0019 *** (-5.56)
$L\_\ln R^{sf}$	0.0005 *** (5.60)	0.0005 *** (5.63)	0.0005 *** (5.61)	0.0006 *** (5.17)	0.0008 *** (4.89)	0.0009 *** (4.19)
$L\_\ln R^{odf}$		0.0000821 (0.97)			0.000103 (0.48)	
$L\_\ln R^{off}$		0.00000108 (0.05)			0.00000547 (0.28)	
$L\_\ln R^{odb}$			0.0000573 (0.82)			0.00000569 (0.10)

续表

变量	(1) FE	(2) FE	(3) FE	(4) GMM	(5) GMM	(6) GMM
	GVC_P	GVC_P	GVC_P	GVC_P	GVC_P	GVC_P
$L\_\ln R^{ofb}$			-0.00000244 (-0.12)			0.00000711 (0.36)
ln*prd*	-0.0002 (-0.79)	-0.0001 (-0.62)	-0.0001 (-0.66)	-0.0008*** (-4.81)	-0.0009*** (-4.63)	-0.0009*** (-3.52)
fdi	-0.0106*** (-3.16)	-0.0097*** (-2.80)	-0.0100*** (-2.92)	-0.0050* (-1.95)	-0.0019 (-0.26)	-0.0007 (-0.08)
ln*wage*	0.0015*** (4.75)	0.0015*** (4.72)	0.0015*** (4.69)	0.0018*** (10.71)	0.0019*** (6.89)	0.0020*** (6.74)
行业固定效应	是	是	是	是	是	是
Sagan 检验				是	是	是
观测值	75	75	75	75	75	75

注：***、* 分别表示在1%、10%统计水平上显著，括号内是t值。

对比劳动和资本密集型制造业与知识密集型制造业的回归结果，可知两者GVC分工地位的改善主要来自国外中间品进口的行业内R&D外溢的滞后一阶项，国外中间产品所蕴含的知识和技术对GVC分工地位发挥作用需要一年左右的时间，这与欧阳耀福等（2021）的研究结论是一致的。但不同的是，知识密集型制造业国外中间产品进口行业内R&D外溢滞后项系数更大，且显著性更好。对于知识密集型制造业而言，相比于劳动和资本密集型制造业投入了更多的知识和技术等高级要素，因此能更好地吸收国外中间产品进口的行业内R&D外溢的知识和技术，并对其进行转化。而劳动和资本密集型制造业因投入更多的简单劳动力和机器设备，对R&D外溢的吸收和转化效果要小。

对比外资占比和工资水平控制变量的回归系数，它们对劳动和资本密集型制造业与知识密集型制造业的影响也存在差异。外资占比的提升有利于改善劳动和资本密集型制造业GVC分工地位，而不利于知识密集型制造业GVC分工地位的改善。这可能与劳动和资本密集型制造业的外商直接投资与中国的要素禀赋结构特征相吻合，中国通过参与加工贸易环节发挥自身的比较优势融入国际分工体系并改善了 GVC 分工地位；对于知识密集型制造业的外商直接投资，中国制造业仍然主要参与加工制造环节，对知识密集型制造业而言最重要的研发创新却被发达国家直接投资带来的知识和技术进行了替代，不利于对知识密集型制造业的自主研发和自身高级要素的培育。工资水平的影响对劳动和资本密集型制造业 GVC 分工地位的影响也存在差异，工资水平的提升不利于劳动和资本密集型制造业 GVC 分工地位改善，却能带来知识密集型制造业 GVC 分工地位的改善。这可能与劳动和资本密集型制造业对工资的变化更加敏感有关，工资水平的提升使劳动和资本密集型制造业参与国际分工的比较优势减弱，近年来外资逐渐将加工制造环节向东南亚国家转移即是例证，形成对中国劳动和资本密集型制造业参与国际分工的挤出效应，国内诸多学者的有关研究也得到了这一结论，如王磊（2017）；而知识密集型制造业的工资水平的提升有利于人力资本的改善，更多劳动力愿意从事知识和技术含量更高的工作，因此有利于其 GVC 分工地位的改善。

5.4.5 机制性检验

本章通过中介效应的 Soble 检验法对 R&D 影响中国制造业 GVC 分工地位的机制进行检验，即对上文的两个研究假说进行检验。温忠麟等（2004）的中介效应检验分为路径 c、路径 a 和路径 b and c’ 3 个模型，其中路径 c 为因变量仅对自变量进行的回归，上文已经汇报了有关结果，因此中介效应检验部分仅汇报了路径 a 和路径 b and c’ 的回归结果，同时结合上文的实证研究，行业间前后向关联效应所带来的 R&D 外溢对制造业 GVC 分工地位的影响较小且绝大多数情况下不显著，因此仅对国内行业内 R&D 资本和国外中间产品进口的行业内 R&D 外溢的影响机制进行检验。表 5.10—表 5.12 中的（1）列和（2）列分别为国内行业内 R&D 对制造业 GVC 分工地位影响机制检验的路径 a 和路径 b and c’ 的回归结果，（3）列和（4）列分别为国外中间产品进口的行业内 R&D 外溢对制造业 GVC 分工地位影响机制检验的路径a和路径b and c'的回归结果，并进行了Sobel检验和汇报了Sobel检验的p值，p值越小且低于0.1，即表明影响机制存在。并且，表5.10、表5.11和表5.12分别为对国内行业内的R&D和国外中间产品进口的R&D外溢是否通过科技机构数量所代表的产学研合作程度（用lninum表示）、专利申请量（用lnpatent表示）和新产品销售收入（用lnnsale表示）所代表的科技成果和经济成果转化来影响制造业GVC分工地位：从各表的Sobel检验值来看，产学研合作是国内行业内和国外中间产品进口的行业内R&D外溢影响制造业GVC分工地位的机制，即上文提出的研究假说5.1是成立的；专利申请量所代表的R&D转化的科技成果数量是国内行业内R&D影响制造业GVC分工地位的机制，但不是国外中间产品进口的行业内R&D外溢影响制造业GVC分工地位的机制；新产品销售收入所代表的R&D转化的经济成果数量并不是国内外行业内R&D对制造业GVC分工地位的影响机制，即研究假说5.2中的R&D转化为科技成果的数量是国内R&D影响制造业GVC分工地位的机制得到了验证。

表5.10　　产学研合作程度的影响机制检验

变量	(1) 路径a	(2) 路径b and c'	(3) 路径a	(4) 路径b and c'
	ln*inum*	GVC_P	ln*inum*	GVC_P
$\ln R^{sd}$	0.5978***	−0.0012***		
	(7.74)	(−5.35)		
$\ln R^{sf}$			0.0171*	−0.0001***
			(1.82)	(−2.93)
ln*inum*		0.0011***		0.0007***
		(6.74)		(5.04)
ln*prd*	0.3247***	−0.0006***	0.8553***	−0.0014***
	(4.13)	(−2.85)	(22.81)	(−8.38)
fdi	−0.1788	−0.0004	−0.1883	−0.0005
	(−1.19)	(−1.16)	(−1.14)	(−1.16)
ln*k*	0.1201***	−0.0001	0.1404***	−0.0001
	(3.13)	(−1.15)	(3.33)	(−1.05)

续表

变量	(1) 路径 a	(2) 路径 b and c'	(3) 路径 a	(4) 路径 b and c'
	ln*inum*	GVC_P	ln*inum*	GVC_P
ln*wage*	−0.3585*** (−5.20)	0.0007*** (3.67)	−0.0111 (−0.19)	−0.0001 (−0.12)
R − squared	0.7936	0.3744	0.7500	0.3282
Sobel 值	0.00		0.09	

注：***、* 分别表示在 1%、10% 统计水平上显著，括号内是 t 值。

表 5.11　专利申请量所代表的科技成果的影响机制检验

变量	(1) 路径 a	(2) 路径 b and c'	(3) 路径 a	(4) 路径 b and c'
	ln*patent*	GVC_P	ln*patent*	GVC_P
$\ln R^{sd}$	1.5022*** (14.13)	−0.0016*** (−5.75)		
$\ln R^{sf}$			0.0272* (1.76)	−0.0001* (−2.58)
ln*patent*		0.0007*** (5.71)		0.0003*** (2.71)
ln*prd*	−0.2719** (−2.52)	−0.0001 (−0.32)	1.0856*** (17.57)	−.0010*** (−6.83)
fdi	−0.4598** (−2.23)	−0.0003 (−0.83)	−0.4767* (−1.74)	−0.0005 (−1.17)
ln*k*	0.1245** (2.35)	−0.0001 (−0.70)	0.1762** (2.54)	−0.0005 (−0.46)
ln*wage*	−0.4389*** (−10.57)	0.0006*** (3.16)	0.4286*** (4.45)	−0.0001 (−0.89)
R − squared	0.8238	0.3473	0.6942	0.2833
Sobel 值	0.00		0.14	

注：***、**、* 分别表示在 1%、5% 和 10% 统计水平上显著，括号内是 t 值。

表5.12 新产品销售收入所代表的经济成果影响机制检验

变量	路径 a	路径 b and c'	路径 a	路径 b and c'
	ln*nsale*	GVC_P	ln*nsale*	GVC_P
$\ln R^{sd}$	1.1461*** (10.29)	-0.0005 (-1.80)		
$\ln R^{sf}$			0.0294** (2.04)	-0.0001** (-2.07)
ln*nsale*		-0.0001 (-0.61)		-0.0002 (-1.59)
ln*prd*	-0.1295 (-1.14)	-0.0003 (-1.18)	0.8929*** (15.48)	-0.0005*** (-4.02)
fdi	-0.2382 (-1.10)	-0.0007 (-1.57)	-0.2545 (-1.00)	-0.0007 (-1.55)
ln*k*	-0.0469 (-0.85)	9.06e-06 (0.08)	-0.0079 (-0.12)	-5.60e-06 (-0.05)
ln*wage*	0.0094 (0.09)	0.0003 (1.57)	0.6742*** (7.51)	0.0001 (0.51)
R-squared	0.7730	0.2674	0.6868	0.2702
Sobel 值	0.55		0.21	

注：***、** 分别表示在1%、5%统计水平上显著，括号内是t值。

5.5 研究结论与政策建议

5.5.1 研究结论

本章对制造业R&D及其外溢如何影响制造业GVC分工地位进行了理论机制分析和实证检验。从实证研究结论来看，国内行业内的R&D和国外中间产品进口的行业内R&D外溢对制造业GVC分工地位的影响均存在时滞效应，因对R&D蕴含的知识和技术等进行吸收和转化需要时间，上一期的R&D资本能改善当期的GVC分工地位。行业间的前向和后向关联效应下的R&D外溢的当期和滞后项对制造业GVC分工地位的影响均较小且绝大多数不显著。因此，制造业GVC分工地位的提升主要来自于行业内R&D和外溢的滞后项。进一步以出口DVAR作为因变量进行稳健性检验，研究结论仍然支持国内行业内R&D外溢及国外中间产品进口的行业内R&D外溢的滞后项具有显著正向影响。将制造业按照要素密集度特征区分为劳动和资本密集型制造业及知识密集型制造业后进行异质性检验，发现R&D及外溢的影响仍存在时滞效应，并且国外中间产品进口的行业内R&D外溢的一阶滞后能显著改善知识密集型制造业的GVC分工地位，且影响系数要大于劳动和资本密集型制造业，这可能与知识密集型制造业能更好地对R&D外溢蕴含的知识和技术进行吸收和转化有关。从行业内R&D对制造业GVC分工地位的影响机制检验来看，科技机构数量所代表的产学研合作程度是国内行业内R&D和国外中间产品进口的行业内R&D外溢影响制造业GVC分工地位的机制之一；专利申请量所代表的科技成果是国内行业内R&D影响制造业GVC分工地位的机制，但不是国外中间产品进口的行业内R&D外溢的影响机制；新产品销售收入所代表的经济成果并不是R&D对制造业GVC分工地位的影响机制。

5.5.2 政策建议

结合研究结论提出以下政策建议：

制造业要进一步融入国际分工体系，集聚国外高级要素。通过参与国际分工，进口国外中间产品，对其蕴含的国外研发知识和技术进行吸收和转化，形成对国外高级要素的集聚和积累，改善国内的要素禀赋结构，使制造业由仅能从事低端的加工制造环节，向上游的研发和技术开发的高端环节转变，进而实现制造业的功能升级和GVC分工地位的改善。

加强国内自主研发和创新体系的建设，实现对高级要素的培育。通过对外开放集聚国外高级要素的同时，也要加强国内研发创新等高级要素的自主培育，长期而言一国制造业竞争力的提升应主要依靠自主创新，特别是在当前发达国家不断加强对中国的技术封锁，限制对中国的技术转让和高技术产业发展的阶段，增强国内的自主研发创新更加重要。高级要素的自主培育同时能形成对国外高级要素的更好集聚和吸收，扭转以往以劳动和土地等初级要素集聚发达国家高级要素的局面。结合实证研究结论可知，R&D 对 GVC 分工地位的影响具有时滞效应，即对 R&D 所蕴含的知识和技术进行吸收和转化才能产生制造业升级作用，国内自主研发创新的增加有利于更多地集聚国外 R&D 等高级要素并更好地进行吸收和转化。

进行创新体系的建设，充分利用科技机构所提供的产学研合作进行科技成果的转化。产学研合作是 R&D 及外溢影响制造业 GVC 分工地位的重要机制，创新作为系统性和链条性的活动，从投入到产出需要依靠科技机构提供的中介服务提升创新效率。当前进行创新驱动发展战略不仅要加大研发投入，还需建设完善的科技中介服务体系，提升创新投入转化为科技成果和经济成果的数量和质量，提升制造业在价值链和国际分工中的地位。

劳动和资本密集型制造业在依靠加工制造优势融入国际分工体系时仍要加强 R&D 投入，特别是在当前中国的劳动力和资源禀赋比较优势不断弱化，对工资较为敏感的劳动和资本密集型制造业出现向其他工资成本更低的发展中国家转移的现象，对中国低端制造业参与国际分工形成了挤出效应的背景下，劳动和资本密集型制造业应基于现有的加工制造优势加强自主创新，向价值链高端的研发和品牌环节转移，形成 OEM 向 ODM 和 OBM 的升级路径。知识密集型制造业在参与国际分工进口国外中间产品进行 R&D 外溢的吸收和转化带来 GVC 分工地位提升的同时，知识密集型制造业仍需进一步加强自主研发创新，避免产生国外 R&D 对国内自主研发创新的替代效应，实现由加工制造环节向研发创新环节的功能升级。

第 6 章

制造业投入服务化对 GVC 分工地位的影响及机制研究

6.1 引言

自改革开放特别是20世纪90年代以来，中国制造业以劳动和土地等资源优势融入发达国家主导的国际分工体系，实现了出口规模和经济规模的大幅扩张，并成为世界加工制造大国，这与当时的中国经济发展背景和阶段特征相吻合。但同时，结合上文的分析可知，与发达国家相比，中国制造业在国际分工中的地位仍较低，制造业出口国内增加值的实现主要依靠制造功能，研发和管理功能专业化水平仍有待提升。

价值分布曲线，如微笑曲线、武藏曲线、元宝曲线和彩虹曲线等，均显示价值链中的高增值环节同时也是价值链的主导环节，均投入了大量的高级要素。如微笑曲线中的研发设计、品牌和营销服务，武藏曲线中的先进生产技术和管理，彩虹曲线中的信息技术和研发等。而这些高级要素通常被发达国家所拥有和掌握，因此发达国家在价值分工中具有主导权，GVC分工地位也较高。中国制造业因依靠劳动力等初级资源参与加工制造环节不利于高级要素的自主培育。在创新驱动和经济高质量发展的背景下，制造业应培育和投入更多高级要素，除了依靠研发创新获得高级要素外，制造业应加强与高级要素密集型行业的融合，实现要素禀赋结构的转变，进而实现价值链分工地位的提升。

生产性服务业作为高级要素密集的行业，同时在服务业快速发展的背景下，制造业加大对生产性服务的投入，能否带来GVC分工地位的提升？据世界银行数据可知，欧美日等发达国家的服务业增加值占GDP的比例在70%左右，发展中国家也达到了50%以上；中国服务业的增加值占GDP的比例也在不断上升，2019年达到53.9%。而服务业中增长最快的又属作为中间投入的生产性服务业，服务化成为制造业发展的大趋势和升级的方向，越来越多的大型跨国制造企业进行服务化的转型，如IBM、英特尔和苹果等高科技企业。根据小米公司披露的年报数据可知，小米公司营业收入的10%、利润中的80%是由互联网业务提供的。因此，在当前中国的资源和人口红利优势不明显，发达国家的贸易保护和技术封锁不断的背景下，中国制造业能否通过加大生产性服务的投入实现经济高质量发展和GVC分工地位的提升成为主要的研究问题。

以往很多学者也对制造业服务化的影响进行了研究。刘斌等（2016）、罗军（2018）、仲志源等（2018）、吴云霞和杜新建（2019）、黄繁华等（2019）、马野驰（2020）、黄繁华和洪银兴（2020）、潘安等（2020）、邹康乾（2020）对制造业服务化与GVC参与度或GVC分工地位的影响进行了实证研究，大多数研究结论认为制造业服务化能促进中国制造业GVC参与度的提升，制造业服务化与GVC分工地位具有正向的线性关系或非线性的“倒U形”关系。同时，也有文献区分制造业类别或生产性服务业务类别后进行异质性检验，如刘斌等（2016）、许和连等（2017）、仲志源等（2018）、杜新建（2019）、黄繁华等（2019）、黄玉霞和谢建国（2020）。关于制造业服务化对制造业GVC分工地位的影响机制检验，以往很多学者主要从技术创新、成本降低或资源配置的优化以及价值链分工的角度进行分析，如杨仁发和汪青青（2018）、罗军（2018）、袁征宇等（2020）、潘安等（2020）。

以往学者采用不同的研究方法对制造业服务化水平的影响进行了研究，所得研究结论并不完全一致，特别是对于不同类型生产性服务业的影响的结论存在较大差异。而以往有关影响机制的检验主要是对制造业总体服务化水平的影响机制进行检验，并未结合生产性服务业的类型进行影响机制的检验。本书在进一步研究制造业投入服务化特别是不同类型投入服务化水平对制造业总体和不同要素密集度制造业GVC分工地位影响的同时，结合不同生产性服务业的特征，对制造业投入不同类型生产性服务化水平的影响机制进行检验。

6.2 理论机制与研究假说

6.2.1 理论机制

生产性服务业属于中间投入品，为生产服务（谭洪波和夏杰长，

2020)，制造业的发展离不开生产性服务业，全球价值链的形成，即价值的创造和价值的实现均离不开生产性服务业，如价值链条的研发、设计、营销、广告、经营管理和运输等均需要依靠生产性服务业。与一般的加工制造需要大量的劳动力等初级要素相比，生产性服务业，特别是专业化和高端的生产性服务业通常蕴含着大量的知识和技术等高级要素。制造业投入专业化和高端化的生产性服务，等同于获得高级要素的投入，与自身的生产制造基础相结合，实现要素结构的优化，并由价值链条中的加工制造环节向研发设计和营销售后环节转变，实现功能升级和 GVC 分工地位的提升。同时，与借助加工制造环节融入 GVC 相比，制造业通过生产性服务业的投入促进制造业服务化发展更有利于制造业在国内的根植性的实现。依靠加工制造环节融入 GVC，因其“两头在外”的特征，进口国外中间产品在国内加工制造后再出口的业务模式在国内的根植性较弱，与发达国家的 GVC 分工地位不对等（俞荣建和项丽瑶，2016）；而生产性服务业的发展因对人才、文化和制度有较强的路径依赖性，制造业投入服务化的提升对制造业构筑基于本土市场和技术的生产网络促进制造业的根植性升级具有重要作用（谭洪波和夏杰长，2020）。

6.2.2　研究假说

结合上文的理论机制可以推测制造业投入服务化的增加将有利于提升制造业的 GVC 分工地位。那么，制造业服务化主要通过什么机制影响制造业升级和 GVC 分工地位呢？

6.2.2.1　研发创新

研发创新作为影响制造业升级和 GVC 分工地位的主要因素，生产性服务业的投入将影响制造业的研发创新进而影响到制造业的 GVC 分工地位。生产性服务业蕴含的知识和技术等高级生产要素的投入将有利于制造业的研发创新水平的提升，通过为生产活动提供工程测试和分析、科学研发、广告和市场开放等专业性的技术服务，促进制造业创新水平的提升。信息技术服务业的发展也会对制造业的研发创新效率和模式产生影响，依靠大数据和云计算等信息技术手段了解消费者的需求结构和特征，结合消费者需求进行产品的研发和创新（杨鹏等，2020）；信息技术服务业与制造业的融合使得消费者由下游的消费端提前至价值链的上游研发设计端，消费者的参与缩短了产品从研发设计到生产再到消费的周期，降低生产过程的试错成本，提升研发效率和创新水平（肖新艳，2015）。制造业研发创新具有难度高、风险大和资金需求高的特点，而金融服务业的发展将为制造业研发创新所需资金提供融资和决策咨询等服务，解决制造业研发创新所需的资金问题。而制造业将非核心业务环节如分销和物流进行外包和剥离，并通过外部采购的方式获得相应的服务，将有利于提升制造业核心业务的生产效率和盈利水平，带来研发投入的增加。同时，对于研发创新水平不同的制造业而言，其对生产性服务业中蕴含的知识和技术等高级要素的吸收和转化水平也不同，研发强度高的制造业通常具有更好的吸收能力。

据此本书提出研究假说 6.1：研发创新是制造业投入服务化水平影响制造业 GVC 分工地位的机制之一，制造业投入服务化水平会影响制造业的研发创新，而制造业的研发创新水平也会影响生产性服务业中的知识和技术等高级要素的吸收，因此研发创新和制造业投入服务化对制造业 GVC 分工地位具有交互性影响。

6.2.2.2 制造业与生产性服务业的匹配和资源优化程度

中国制造业主要依靠劳动和资本参与价值链的加工制造环节，在加工贸易主导的国际分工模式下，中国制造业在国际分工中处于不对等地位，特别是陷于发达国家俘获型网络治理模式下的制造业更是如此，这在一定程度上或造成国内制造业的资源错配问题，如资本配置过度或不足、劳动力配置过度或不足（唐荣和顾乃华，2018）。根据制造业的特征及要素禀赋结构，不同制造业在价值链中所处位置和参与分工时的资源配置结构存在一定差异。位于上游环节的资源和矿采选业（如金属矿采选业、石油和天然气开采业等），因其行业特征主要依靠机器设备和劳动力在资源的开发后进行粗加工，可能存在资本配置过度的情况，而且生产链条短，所获附加值低。对于该类制造业行业通过增加高端和专业化生产性服务业的投入后进行资源配置的优化，提高对资源矿采选品的加工制造程度，提升产品质量和附加值，由依靠机器设备进行资源开采和简单加工制造向产品的深加工和精加工制造转变，进而提升该类制造业的国际话语权和GVC分工地位。位于中游加工制造环节的劳动密集型制造业，仍以大量的初级劳动力和机器设备参与生产，获利能力和GVC分工地位仍较低，结合上文的武藏曲线可知，加工制造环节仍可依靠先进的生产技术和精细化的管理成为价值链中的高增值环节，因此低附加值和分工地位的加工制造环节可通过增加研发投入和技术开发服务提升生产技术水平，并通过人力资源管理与培训服务和商务服务提升管理能力，使加工制造环节发挥大规模生产优势，实现高增值。而位于下游的制造业因距离市场较近，目前仍主要投入一般的分销人员和物流人员，可能出现劳动力配置过度的情况。位于下游环节的制造业可增加信息技术服务的投入，更好地了解消费者需求，并反馈给上游的研发设计环节；同时，增加专业化的管理咨询服务、人力资源管理与培训服务的投入将有利于位于下游的制造业进行产品品牌的培育和营销渠道的构建。

据此本书提出研究假说6.2：制造业服务化水平的提升将使位于价值链不同位置的制造业资源配置得以优化，且位于价值链不同位置的制造业所需的生产性服务业存在差异，因此制造业投入服务化水平与制造业在价值链所处的位置对制造业GVC分工地位具有交互性影响。

在理论机制和研究假说的基础上，接下来以2000—2014年中国制造业为研究对象，对制造业投入服务化水平影响制造业GVC分工地位进行实证研究，并对研究假说部分的影响机制进行检验。本书不仅对制造业的总体服务化水平的影响进行实证检验，还将生产性服务业划分为不同类型，分别检验制造业投入不同类型的生产性服务化水平对制造业GVC分工地位的影响。本书根据制造业的要素密集度将制造业划分为劳动和资本密集型制造业及知识密集型制造业后，实证检验制造业投入的总体服务化水平和不同类型的服务化水平对不同要素密集度制造业的影响。同时，结合上文的研究假说，不仅对制造业总体服务化水平的影响机制进行检验，也结合生产性服务业的类型对不同生产性服务业的影响机制进行检验。

本章接下来的安排如下，第 3 部分进行模型设定和数据来源的说明，第 4 部分进行实证研究，第 5 部分得出研究结论并给出相应的政策建议。

6.3 模型设定与数据来源

6.3.1 模型设定

为检验制造业服务化水平对制造业 GVC 分工地位的影响，本书构建以下基准计量回归模型：

$$GVC\_P_{it} = \alpha_0 + \alpha_1 ser_{it} + \alpha_2 rd_{it} + \alpha_3 plv_{it} + \sum_{k=4}^{6} \alpha_k X_{it} + \theta_i + \delta_t + \varepsilon_{it} \tag{6.1}$$

其中，i 表示制造业行业，t 表示年份，因变量 GVC_P_{it} 为制造业行业 i 在 t 年的 GVC 分工地位，其计算方法主要参考 KPWW（2010）；核心自变量 ser_{it} 为制造业 i 在 t 年的投入服务化水平，rd_{it} 为制造业的研发强度，plv_{it} 为制造业在价值链中的上游度指数表示制造业在价值链中所处的位置；X_{it} 为一组相关控制变量，主要包括研发人员的对数（ln*prd*）、外资占比（*fdi*）、人均资本存量对数（ln*k*）和行业规模的对数（ln*scale*）等；θ_i 表示不可观测的行业固定效应；δ_t 表示时间固定效应；ε_{it} 为随机误差项。

除了对制造业投入服务化水平影响进行实证研究，本书通过分别构建制造业服务化水平与研发强度的交互项、制造业服务化水平与制造业价值链位置的交互项对上文的两个研究假说进行实证检验。

$$GVC\_P_{it} = \alpha_0 + \alpha_1 ser_{it} + \alpha_2 rd + \alpha_3 rd_{it} * ser_{it} + \alpha_4 plv_{it} + \sum_{k=5}^{8} \alpha_k X_{it} + \theta_i + \delta_t + \varepsilon_{it} \tag{6.2}$$

$$GVC\_P_{it} = \alpha_0 + \alpha_1 ser_{it} + \alpha_2 rd + \alpha_3 plv_{it} + \alpha_4 ser_{it} * plv_{it} +$$

$$\sum_{k=5}^{8} \alpha_k X_{it} + \theta_i + \delta_t + \varepsilon_{it} \tag{6.3}$$

6.3.2 样本和变量

6.3.2.1 样本说明

本书以 2000—2014 年中国制造业为研究对象，因变量 GVC 分工地位指数的测算参考 KPWW（2010），并借助于 UIBE GVC Index 数据库进行计算，前面章节已有阐述，在此不再赘述。

制造业投入服务化水平根据 WIOD 数据库中 2000—2014 年的中国的投入产出数据中完全消耗系数进行计算。另外，制造业投入服务化又可分为制造业对服务业的直接消耗和间接消耗两种（顾乃华和夏杰长，2010；刘斌等，2016）。直接消耗是指一个单位的制造业的产出所需某一服务部门的投入量，计算公式为：$ser_{ij}^{d} = \frac{S_{ij}}{M_j}$，$S_{ij}$ 表示制造业 j 中服务业 i 的投入，M_j 表示制造业 j 的总产出。制造业的生产不仅直接消耗服务部门的投入，制造业生产中所需的中间产品，以及中间产品的生产部门也需要服务部门的投入，形成了对服务部门的间接消耗，直接消耗与间接消耗之和即为制造业对服务业的完全消耗，计算公式为：

$$ser_{ij}^{C} = a_{ij} + \sum_{k=1}^{n} a_{ik} a_{kj} + \sum_{s=1}^{n} \sum_{k=1}^{n} a_{is} a_{sk} a_{kj} + \cdots$$

其中，ser_{ij}^{C} 为制造业 j 对服务业 i 的完全消耗系数，a_{ij} 为制造业 j 对服务业 i 的直接消耗，$\sum_{k=1}^{n} a_{ik} a_{kj}$ 为制造业 j 的上游部门 k 对服务业 i 的第一次间接消耗，$\sum_{s=1}^{n} \sum_{k=1}^{n} a_{is} a_{sk} a_{kj}$ 为制造业 j 的上游部门 k，k 的上游部门 s 对服务业 i 的第二次间接消耗，依此类推，假设制造业部门共经历了 n 次对服务业部门 i 的间接消耗，直接消耗与 n 次间接消耗之和即为制造业 j 部门对服务业 i 部门的完全消耗。本书基于 WIOD 数据库统计的 2000—2014 年中国制造业的投入产出数据，以制造业对生产性服务业的完全消耗来衡量制造业投入服务化的水平。

本书进一步将生产性服务业[①]划分为分销服务业、运输服务业、电信和信息服务业、金融保险服务业及专业和商务服务业（见表6.1），并以完全消耗系数为基础测算了制造业投入的分销服务化水平（*ser_s*）、运输服务化水平（*ser_t*）、电信和信息服务化水平（*ser_i*）、金融保险服务化水平（*ser_f*）及专业和商务服务化水平（*ser_r*）。

表6.1　　生产性服务业及不同类型生产性服务业的划分

生产性服务业分类	世界投入产出表部门编码	生产性服务业类型
批发经纪代理服务[②]	28—30	分销服务（批发和零售）
货物运输仓储和邮政快递服务[③]	31—35	运输服务
信息服务[④]	39—40	电信和信息服务
金融服务[⑤]	41—42	金融保险服务
生产性租赁服务[⑥]	43	
商务服务[⑦]	45	专业和商务服务
研发设计与其他专业性服务[⑧]	46—49	
生产性支持服务[⑨]	50、54、55	
人力资源管理与培训服务[⑩]	52	

资料来源：WIOD投入产出数据库，并参考以往文献整理而来。

控制变量中的研发强度（*rd*）根据研发支出占总产出的份额来计算，各行业研发支出数据主要来自历年《中国科技统计年鉴》，总产出的数据

---

① 2016年版的WIOD数据库按照ISIC Rev4的行业分类方法，对各行业进行归类后有56个行业，其中编码1—3为农业、4—27为工业、28—56为服务业，本书结合文献及生产性服务业的定义，将编码为36、37、38、44、51、53和56的服务业界定为消费性服务业，服务业中其他编码的即为生产性服务业，参考彭薇和匡贤明（2019）的分类方法，对生产性服务业进行归并和分类，如表6.1所示。

② 包括批发和零售（包括机动车）、批发（除机动车）、零售（除机动车）。

③ 包括陆运和管道运输、水路运输、航空运输、仓储和相关运输、邮政和快递。

④ 包括电信业、计算机程序设计和信息服务。

⑤ 包括金融（除保险和养老）、保险和养老。

⑥ 包括金融辅助。

⑦ 包括法律和会计，管理咨询。

⑧ 包括工程测试和分析、科学研发、广告和市场开发、其他专业技术服务。

⑨ 包括管理和支持类服务、其他服务业、居民服务和其他家庭服务。

⑩ 包括教育。

主要来自历年《中国工业统计年鉴》。制造业在价值链中所处的位置依据 Wang 等（2017）的方法，将生产过程所创造的增加值被计算为总产出的次数或增加值引致总产出的倍数定义为平均生产长度，并将生产长度分为前向生产长度和后向生产长度，其中前向生产长度是按照行业 i 的增加值对部门 j 的贡献大小为权重进行加权计算，对国家 r 部门 j 加总：

$$plv_i^s = \sum_{r,j}^{S,N} \frac{v_i^s b_{ij}^{sr} y_j^r}{\sum_{r,j}^{S,N} v_i^s b_{ij}^{sr} y_j^r} \frac{v_i^s \sum_{t,k}^{S,N} b_{ik}^{st} b_{kj}^{tr} y_j^r}{v_i^s b_{ij}^{sr} y_j^r} = \frac{\sum_{r,j}^{S,N} b_{ij}^{sr} x_j^r}{x_i^s} = \sum_{r,g}^{S,N} g_{ij}^{sr}$$

写成矩阵形式：

$$plv = \frac{\hat{V}BB\hat{Y}u}{\hat{V}B\hat{Y}u} = \frac{\hat{V}BX}{\hat{V}X} = \hat{X}^{-1}BX = Gu$$

本书以 GVC 前向关联的生产长度衡量制造业嵌入国际分工的位置，*plv* 的值越大表明越位于价值链的上游环节，各行业生产步长的测算数据来自 UIBE GVC Index 数据库的全球价值链长度的分解，具体分解方法为 Wang 等（2017）的方法。各行业的研发人员数据主要来自历年的《中国科技统计年鉴》；各行业的外资占比，使用港澳台资本与外商资本占工业总产值的比重来测算，来自历年《中国工业统计年鉴》；各行业的人均资本存量和行业规模（以就业人员数来表示）主要来自 WIOD 数据库。由于涉及的变量来自多个数据库，本书按照不重复、不遗漏的行业归并原则对不同行业进行匹配，最终形成了 2000—2014 年 18 个制造业行业的面板数据，以及按照要素密集度划分为劳动和资本密集型制造业及知识密集型制造业，本部分的制造业行业分类同前文的表 4.4，在此不再赘述。

6.3.2.2 统计描述

本书对因变量、主要的解释变量及控制变量的统计特征进行了描述，如表 6.2 所示。

表 6.2　各变量的描述性统计

变量	观测值	平均值	标准差	最小值	最大值
GVC_P	270	-0.027	0.065	-0.212	0.155
ser	270	0.270	0.051	0.151	0.427

续表

变量	观测值	平均值	标准差	最小值	最大值
ser_s	270	0.081	0.027	0.033	0.149
ser_t	270	0.071	0.016	0.043	0.119
ser_i	270	0.014	0.007	0.004	0.035
ser_f	270	0.041	0.013	0.015	0.084
ser_r	270	0.044	0.020	0.014	0.120
rd	270	0.018	0.016	0.002	0.181
plv	270	3.062	0.725	1.788	4.473
ln*prd*	270	11.019	1.213	7.402	13.133
fdi	270	0.103	0.235	0.005	3.816
ln*k*	270	5.038	0.912	3.314	7.715
ln*scale*	270	8.608	0.856	6.585	10.533

资料来源：作者根据统计软件分析整理而来。

6.4 实证研究

6.4.1 基准回归

基准回归中分别以制造业总体服务化水平，以及分销服务化、运输服务化、电信和信息服务化、金融保险服务化、专业和商务服务化水平对制造业 GVC 分工地位（GVC_P）的影响进行实证检验，回归结果分别如表 6.3 的（1）—（6）列所示。因采用面板数据回归，Hausman 检验支持固定效应模型，因此表 6.3 仅报告了固定效应回归结果。在加入所有控制变量，并且控制了行业固定效应后，从表 6.3 的（1）列可知，制造业总体服务化水平的提升能促进制造业 GVC 分工地位的提升，从（2）—（6）列的分类型制造业服务化水平的影响来看，运输服务化水平的提升与制造业 GVC 地位间具有显著正向关系，其他类型服务化水平的系数均不显著，如分销服务化、专业和商务服务化水平的系数为正但并不显著，电信和信息服务化、金融保险服务化水平的系数为负，也不显著，这与仲志源等（2018）的研究结论较为一致。

表 6.3 制造业服务化的基准回归结果

变量	(1) FE	(2) FE	(3) FE	(4) FE	(5) FE	(6) FE
	GVC_P	GVC_P	GVC_P	GVC_P	GVC_P	GVC_P
ser	0.185** (2.52)					
ser_s		0.216 (1.25)				
ser_t			1.372*** (5.80)			
ser_i				-0.739 (-0.93)		
ser_f					-0.488 (-1.41)	
ser_r						0.231 (1.10)
rd	0.835*** (4.00)	0.938*** (4.57)	0.769*** (3.97)	1.006*** (4.92)	1.002*** (4.94)	0.909*** (4.27)
plv	0.054*** (12.45)	0.056*** (13.01)	0.041*** (8.56)	0.057*** (12.45)	0.059*** (12.29)	0.058*** (12.54)
ln*prd*	0.005 (0.99)	0.005 (1.06)	0.003 (0.78)	0.004 (0.92)	0.005 (1.04)	0.004 (0.94)
fdi	-0.003 (-0.30)	-0.003 (-0.25)	-0.003 (-0.23)	-0.003 (-0.26)	-0.002 (-0.18)	-0.003 (-0.27)
ln*k*	-0.000 (-0.02)	-0.001 (-0.11)	-0.001 (-0.13)	0.000 (0.01)	-0.001 (-0.17)	0.000 (0.03)
ln*scale*	-0.002 (-0.65)	-0.003 (-0.76)	-0.004 (-1.15)	-0.001 (-0.34)	-0.001 (-0.44)	-0.001 (-0.24)
行业固定效应	是	是	是	是	是	是
观测值	270	270	270	270	270	270

注：***、** 分别表示在 1%、5% 统计水平上显著，括号内是 t 值。

6.4.2 内生性检验

为控制变量间可能存在的内生性问题，进一步采用核心变量的滞后项作为工具变量进行 GMM 回归，并通过了 Sagan 检验，回归结果如表 6.4 所示。表 6.4 的（1）—（6）列分别为制造业投入的总体服务化水平，以及分销服务化、运输服务化、电信和信息服务化、金融保险服务化、专业和商务服务化水平对制造业 GVC 分工地位的影响。从（1）列的回归结果可知，GMM 回归下制造业总体服务化水平的提升仍能显著促进制造业 GVC 分工地位的提升；从（2）—（6）列的回归结果可知，GMM 回归下分销服务化水平和运输服务化水平的提升也能显著带来制造业 GVC 分工地位的提升，但电信和信息服务化水平、金融保险服务化水平、专业和商务服务化水平的影响仍不显著。

表 6.4　　制造业服务化的 GMM 回归结果

变量	(1) GMM	(2) GMM	(3) GMM	(4) GMM	(5) GMM	(6) GMM
	GVC_P	GVC_P	GVC_P	GVC_P	GVC_P	GVC_P
ser	0.205**					
	(2.93)					
ser_s		0.410**				
		(2.85)				
ser_t			0.984***			
			(5.03)			
ser_i				-1.193		
				(-1.21)		
ser_f					0.281	
					(0.67)	
ser_r						-0.238
						(-0.75)
rd	1.035*	1.049*	0.772*	1.355**	1.222**	1.343*
	(1.97)	(2.11)	(1.87)	(2.32)	(2.45)	(1.98)

续表

变量	(1) GMM	(2) GMM	(3) GMM	(4) GMM	(5) GMM	(6) GMM
	GVC_P	GVC_P	GVC_P	GVC_P	GVC_P	GVC_P
plv	0.044***	0.049***	0.036***	0.051***	0.047***	0.048***
	(9.18)	(8.51)	(7.40)	(8.52)	(7.60)	(8.68)
ln*prd*	−0.003	−0.002	0.001	−0.004	−0.002	−0.000
	(−0.93)	(−0.68)	(0.28)	(−0.75)	(−0.51)	(−0.09)
fdi	−0.008	−0.008	−0.011	−0.007	−0.008	−0.010
	(−0.46)	(−0.42)	(−0.48)	(−0.44)	(−0.48)	(−0.53)
ln*k*	−0.006	−0.005	−0.009*	−0.006	−0.007	−0.007
	(−1.18)	(−0.86)	(−1.84)	(−0.78)	(−1.10)	(−1.24)
ln*scale*	−0.013***	−0.014***	−0.014***	−0.009**	−0.011***	−0.012***
	(−4.56)	(−4.42)	(−4.85)	(−2.38)	(−3.77)	(−3.24)
行业固定效应	是	是	是	是	是	是
Sagan检验	是	是	是	是	是	是
观测值	270	270	270	270	270	270

注：***、**、*分别表示在1%、5%和10%统计水平上显著，括号内是t值。

6.4.3　稳健性检验

接下来，针对制造业服务化水平的影响通过替换因变量的方式进行稳健性检验。因生产性服务业中蕴含较多的知识、信息和技术等高级要素，高级要素的投入的增加能带来制造业的要素禀赋结构和资源配置方式的改变，使制造业由加工制造向研发、品牌和营销环节转型，有利于促进研发、管理和市场等活动下出口增加值率的提升，但因无法直接获得研发、管理和市场活动下的出口国内增加值率（DVAR），因此以制造业总体出口国内增加值率替代，实证检验高级要素投入的增加能否带来出口国内增加值率的提升。因此，将因变量由GVC分工地位指数换为出口国内增加值率，实证回归结果如表6.5所示。表6.5的（1）—（6）列分别为制造业投入的总体服务化水平，以及分销服务化、运输服务化、电信和信息服务化、金融保险服务化、专业和商务服务化水平对制造业出口 DVAR 的影响。从（1）列的回归结果来看，制造业投入总体服务化水平的提升能显著促进制造业出口 DVAR 的提升。（2）—（6）列的回归结果显示，分销服务化和运输服务化水平的提升与制造业出口 DVAR 间具有显著正向关系，这与黄繁华等（2019）的研究结论一致，而电信和信息服务化水平、金融保险服务化水平的影响不显著，且金融保险服务化水平的系数显著为负。

表 6.5　　制造业服务化的稳健性检验

变量	（1）FE	（2）FE	（3）FE	（4）FE	（5）FE	（6）FE
	DVAR	DVAR	DVAR	DVAR	DVAR	DVAR
ser	0.453 * (2.05)					
ser_s		1.065 *** (3.06)				
ser_t			2.795 *** (7.58)			
ser_i				1.592 (0.68)		
ser_f					−2.109 ** (−2.40)	
ser_r						−0.879 (−1.52)
rd	1.262 (1.66)	1.351 (1.56)	0.568 (1.42)	1.680 (1.62)	1.772 ** (2.38)	1.914 (1.41)
plv	−0.011 (−1.54)	−0.003 (−0.37)	−0.037 *** (−4.13)	−0.006 (−0.48)	0.011 (1.02)	−0.007 (−0.62)
ln*prd*	0.023 * (2.09)	0.025 ** (2.88)	0.032 *** (3.14)	0.030 *** (3.33)	0.031 *** (3.56)	0.032 *** (3.15)
fdi	−0.004 (−0.13)	−0.005 (−0.14)	−0.011 (−0.63)	−0.012 (−0.40)	−0.012 (−0.48)	−0.009 (−0.31)
ln*k*	0.015 (0.94)	0.015 (1.29)	0.008 (0.49)	0.007 (0.45)	0.002 (0.14)	0.010 (0.74)

续表

变量	(1) FE	(2) FE	(3) FE	(4) FE	(5) FE	(6) FE
	DVAR	DVAR	DVAR	DVAR	DVAR	DVAR
ln*scale*	0.048***	0.044***	0.043***	0.051***	0.054***	0.051***
	(7.46)	(8.56)	(6.94)	(8.98)	(8.64)	(7.94)
行业固定效应	是	是	是	是	是	是
观测值	270	270	270	270	270	270

注：***、**、*分别表示在1%、5%和10%统计水平上显著，括号内是t值。

6.4.4　影响机制检验

结合上文提到的理论机制和研究假说，接下来对制造业服务化影响GVC分工地位研究假说6.1进行检验。制造业投入服务化水平与制造业研发强度是否对制造业GVC分工地位产生交互影响，通过构建制造业服务化水平与研发强度的交互项进行检验。表6.6的（1）—（6）列分别汇报了制造业投入的总体服务化、分销服务化、运输服务化、电信和信息服务化、金融保险服务化、专业和商务服务化水平与制造业研发强度交互项的系数，从回归结果来看，制造业的研发强度与制造业投入的专业和商务服务化水平的交互项显著为正，即随着制造业投入的专业和商务服务化水平的提升，研发强度更大的制造业行业，其GVC分工地位提升越明显，或者对于研发强度更大的制造业，其投入越多的专业和商务服务业就越有利于GVC分工地位的提升。专业和商务服务因蕴含着较多的知识、技术、先进人力资本和管理等高级生产要素，与研发强度高的制造业要素需求结构相匹配，使其创新需求得以实现，实现制造业的产品升级或功能升级，并促进制造业的GVC分工地位的提升。通常而言，研发强度更高的制造业也需要更多金融保险、电信和信息服务的支持，但从实证回归结果来看，研发强度与金融保险服务化水平的交互项为负，但不显著，研发强度与电信和信息服务化水平的交互项显著为负。

表6.6　　制造业服务化的 R&D 机制检验

变量	(1) FE	(2) FE	(3) FE	(4) FE	(5) FE	(6) FE
	GVC_P	GVC_P	GVC_P	GVC_P	GVC_P	GVC_P
ser	0.188* (1.96)					
rd	0.912 (0.63)	1.299* (1.89)	1.418* (1.88)	2.561*** (3.50)	2.426** (2.00)	0.089 (0.20)
plv	0.054*** (12.42)	0.057*** (13.00)	0.042*** (8.60)	0.058*** (12.63)	0.058*** (12.09)	0.059*** (12.79)
*ser * rd*	-0.257 (-0.05)					
ser_s		0.271 (1.36)				
*ser_s * rd*		-4.132 (-0.55)				
ser_t			1.474*** (5.61)			
*ser_t * rd*			-6.914 (-0.89)			
ser_i				0.770 (0.74)		
*ser_i * rd*				-82.532** (-2.21)		
ser_f					0.007 (0.01)	
*ser_f * rd*					-34.871 (-1.19)	
ser_r						-0.592 (-1.33)
*ser_r * rd*						28.736** (2.10)
ln*prd*	0.005 (0.98)	0.005 (1.03)	0.003 (0.74)	0.004 (0.80)	0.005 (1.18)	0.004 (0.85)

续表

变量	(1) FE	(2) FE	(3) FE	(4) FE	(5) FE	(6) FE
	GVC_P	GVC_P	GVC_P	GVC_P	GVC_P	GVC_P
fdi	−0.003 (−0.30)	−0.003 (−0.29)	−0.003 (−0.29)	−0.005 (−0.42)	−0.002 (−0.18)	−0.003 (−0.26)
ln*k*	−0.000 (−0.02)	−0.001 (−0.11)	−0.001 (−0.12)	0.000 (0.01)	−0.001 (−0.21)	−0.001 (−0.15)
ln*scale*	−0.002 (−0.65)	−0.003 (−0.79)	−0.003 (−1.00)	−0.001 (−0.30)	−0.001 (−0.29)	0.000 (0.11)
行业固定效应	是	是	是	是	是	是
观测值	270	270	270	270	270	270

注：***、**、* 分别表示在 1%、5% 和 10% 统计水平上显著，括号内是 t 值。

表 6.7 为对研究假说 6.2 进行的检验，以制造业的上游度表示制造业在价值链所处的位置，仍通过构建价值链位置与制造业服务化水平的交互项来进行检验。从各交互项的系数来看，制造业在价值链中所处的位置与制造业投入的总体服务化、分销服务化、运输服务化、电信和信息服务化水平的交互项系数均显著为正。即，对于投入的总体服务化、分销服务化、运输服务化、电信和信息服务化水平越高的制造业行业，伴随其在价值链中所处的位置向前端或上游调整，则越有利于制造业 GVC 分工地位的改善，或者对位于价值链前端或上游的制造业行业，在生产过程中投入更多该类生产性服务业，能改善制造业的资源配置结构，调整资源配置不当或资源配置过度，提升制造业的生产效率，通过制造业与生产性服务业的融合带来知识外溢和技术水平的提升，并提升制造业的 GVC 分工地位（唐荣和顾乃华，2018）。

表 6.7　制造业投入服务化的资源匹配和配置优化检验

变量	(1) FE	(2) FE	(3) FE	(4) FE	(5) FE	(6) FE
	GVC_P	GVC_P	GVC_P	GVC_P	GVC_P	GVC_P
ser	−0.713*** (−2.90)					

续表

变量	(1) FE	(2) FE	(3) FE	(4) FE	(5) FE	(6) FE
	GVC_P	GVC_P	GVC_P	GVC_P	GVC_P	GVC_P
rd	0.775***	0.884***	0.673***	0.871***	1.004***	0.820***
	(3.81)	(4.41)	(3.54)	(4.66)	(4.94)	(3.93)
plv	-0.031	0.012	-0.028	0.004	0.053***	0.104***
	(-1.37)	(0.95)	(-1.54)	(0.45)	(3.82)	(7.99)
*ser * plv*	0.323***					
	(3.81)					
ser_s		-1.593***				
		(-3.16)				
*ser_s * plv*		0.588***				
		(3.81)				
ser_t			-1.594**			
			(-2.01)			
*ser_t * plv*			1.017***			
			(3.92)			
ser_i				-13.440***		
				(-7.04)		
*ser_i * plv*				4.310***		
				(7.20)		
ser_f					-0.919	
					(-0.95)	
*ser_f * plv*					0.147	
					(0.48)	
ser_r						3.059***
						(3.95)
*ser_r * plv*						-1.067***
						(-3.79)
ln*prd*	0.004	0.004	0.002	0.002	0.005	0.004
	(0.88)	(0.88)	(0.49)	(0.45)	(1.05)	(0.82)
fdi	-0.004	-0.000	-0.003	-0.007	-0.002	0.003
	(-0.37)	(-0.01)	(-0.30)	(-0.65)	(-0.17)	(0.22)

续表

变量	(1) FE	(2) FE	(3) FE	(4) FE	(5) FE	(6) FE
	GVC_P	GVC_P	GVC_P	GVC_P	GVC_P	GVC_P
ln*k*	0.002 (0.48)	0.001 (0.12)	-0.000 (-0.01)	-0.002 (-0.38)	-0.000 (-0.09)	-0.003 (-0.56)
ln*scale*	-0.008** (-2.12)	-0.006 (-1.64)	-0.004 (-1.40)	-0.004 (-1.30)	-0.002 (-0.52)	0.005 (1.25)
行业固定效应	是	是	是	是	是	是
观测值	270	270	270	270	270	270

注：***、** 分别表示在 1%、5% 统计水平上显著，括号内是 t 值。

6.4.5　异质性检验

将制造业按照要素密集度特征划分为劳动和资本密集型及知识密集型制造业，分别实证研究制造业投入服务化水平对不同要素密集度制造业的影响，表 6.8 和表 6.9 分别为对劳动和资本密集型制造业及知识密集型制造业的实证回归结果。表 6.8 和表 6.9 的（1）—（6）列分别表示制造业投入的总体服务化、分销服务化、运输服务化、电信和信息服务化、金融保险服务化、专业和商务服务化水平对劳动和资本密集型制造业及知识密集型制造业的 GVC 分工地位的影响。从表 6.8 的回归结果来看，分销服务化、运输服务化、电信和信息服务化水平的提升能显著改善劳动和资本密集型制造业的 GVC 分工地位；从表 6.9 的回归结果可知，对于知识密集型制造业而言，总体服务化水平投入的提升，以及分销服务化、运输服务化、专业和商务服务化水平投入的提升，是促进知识密集型制造业 GVC 分工地位提升的主要因素。

对比劳动和资本密集型及知识密集型制造业服务化水平的影响来看，分销服务化和运输服务化水平投入的提升对两类制造业 GVC 分工地位的提升均有显著正向影响，而金融保险服务化水平投入的增加并未带来两类制造业 GVC 分工地位的提升。除此之外，电信和信息服务化水平投入的增加仅能促进劳动和资本密集型制造业 GVC 分工地位的改善，专业和商务服务化水平投入的增加仅能带来知识密集型制造业 GVC 分工地位的提升。结合上文的影响机制分析，对于劳动和资本密集型制造业依靠电信和信息服务化水平投入的提升，有利于依靠电信和信息技术手段在掌握消费者信息和需求的基础上进行研发创新，提高研发创新效率，这与较低研发创新成本有关，同时通过电信和信息服务化水平的投入也能优化劳动和资本密集型制造业对资源的配置，进而提升劳动和资本密集型制造业的 GVC 分工地位。知识密集型制造业因研发强度高，专业和商务服务投入的增加有利于解决知识密集型制造业的研发需求和研发活动的开展，以及有利于知识密集型制造业向高增值和高分工地位的研发环节转移。

表 6.8　　制造业服务化的劳动和资本密集型回归结果

变量	(1) FE	(2) FE	(3) FE	(4) FE	(5) FE	(6) FE
	GVC_P	GVC_P	GVC_P	GVC_P	GVC_P	GVC_P
ser	0.076 (1.37)					
ser_s		0.287** (2.31)				
ser_t			0.304* (1.98)			
ser_i				1.398*** (2.83)		
ser_f					−0.091 (−0.45)	
ser_r						−1.053*** (−3.29)
rd	0.822*** (6.10)	0.803*** (6.02)	0.801*** (5.96)	0.835*** (6.34)	0.824*** (6.07)	0.778*** (5.93)
plv	0.050*** (11.11)	0.052*** (13.90)	0.049*** (11.01)	0.047*** (10.82)	0.055*** (12.34)	0.058*** (15.00)
ln*prd*	−0.001 (−0.35)	−0.000 (−0.11)	−0.002 (−0.43)	−0.002 (−0.47)	−0.002 (−0.39)	−0.001 (−0.29)

续表

变量	(1) FE	(2) FE	(3) FE	(4) FE	(5) FE	(6) FE
	GVC_P	GVC_P	GVC_P	GVC_P	GVC_P	GVC_P
fdi	-0.385***	-0.396***	-0.384***	-0.351***	-0.377***	-0.355***
	(-10.41)	(-10.71)	(-10.55)	(-9.52)	(-10.24)	(-9.88)
ln*k*	0.005	0.003	0.005	0.005	0.005	0.003
	(1.24)	(0.83)	(1.24)	(1.28)	(1.17)	(0.70)
ln*scale*	-0.027***	-0.027***	-0.026***	-0.029***	-0.025***	-0.021***
	(-6.90)	(-7.22)	(-7.11)	(-7.51)	(-6.58)	(-5.75)
行业固定效应	是	是	是	是	是	是
观测值	150	150	150	150	150	150

注：***、**、*分别表示在1%、5%和10%统计水平上显著，括号内是t值。

表6.9　知识密集型制造业服务化回归结果

变量	(1) FE	(2) FE	(3) FE	(4) FE	(5) FE	(6) FE
	GVC_P	GVC_P	GVC_P	GVC_P	GVC_P	GVC_P
ser	1.293***					
	(8.02)					
ser_s		1.714***				
		(3.62)				
ser_t			3.983***			
			(11.26)			
ser_r				-8.304***		
				(-4.42)		
ser_f					-6.627***	
					(-6.59)	
ser_r						2.290***
						(6.42)
rd	0.934***	1.392***	0.631**	1.498***	1.022***	0.937**
	(2.75)	(3.35)	(2.19)	(3.71)	(2.80)	(2.53)
plv	0.077***	0.075***	0.038***	0.087***	0.104***	0.121***
	(9.32)	(7.04)	(4.69)	(8.84)	(11.15)	(11.47)

续表

变量	(1) FE	(2) FE	(3) FE	(4) FE	(5) FE	(6) FE
	GVC_P	GVC_P	GVC_P	GVC_P	GVC_P	GVC_P
ln*prd*	-0.000	0.000	-0.000	0.003	0.003	0.004
	(-0.00)	(0.05)	(-0.08)	(0.32)	(0.37)	(0.55)
fdi	-0.001	-0.006	-0.004	-0.002	-0.008	0.003
	(-0.05)	(-0.45)	(-0.41)	(-0.13)	(-0.71)	(0.29)
ln*k*	-0.000	0.003	-0.003	-0.005	0.006	-0.001
	(-0.03)	(0.29)	(-0.42)	(-0.49)	(0.75)	(-0.07)
ln*scale*	-0.031***	-0.033***	-0.028***	-0.026***	-0.033***	-0.034***
	(-5.42)	(-4.56)	(-5.84)	(-3.54)	(-5.35)	(-5.52)
行业固定效应	是	是	是	是	是	是
观测值	105	105	105	105	105	105

注：***、** 分别表示在1%、5%统计水平上显著，括号内是t值。

6.5 研究结论与政策建议

6.5.1 研究结论

从本章的理论分析和实证研究结论均发现制造业投入服务化水平的增加能显著促进制造业GVC分工地位的提升，也能带来制造业出口获利能力的提升。但从制造业不同类型生产性服务化水平的影响来看，制造业总体GVC分工地位的提升仍主要来自分销和运输服务业投入的增加，电信和信息服务化、金融保险服务化及专业和商务服务化等蕴含较多的知识、技术和管理咨询等高级生产要素的生产性服务业的投入却没有带来制造业总体GVC分工地位的提升。

从影响机制来看，分销、运输、电信和信息服务化与制造业在价值链所处位置的交互项系数显著为正，即随着制造业向上游环节转移，分销、运输、电信和信息服务化水平的提升能显著改善制造业的 GVC 分工地位。专业和商务服务化水平与制造业研发强度的交互项显著为正，即对于研发强度更高的制造业而言，需要专业性和高端化的工程测试和分析、科学研发等专业技术服务，使其研发创新和技术水平得以提升，并能向价值链的研发环节转移，实现价值链分工地位提升。

对比劳动和资本密集型制造业及知识密集型制造业投入服务化水平的影响可知，制造业服务化总水平仅对知识密集型制造业有显著正向影响，而对劳动和资本密集型制造业的影响不显著；从不同类型生产性服务业的影响来看，劳动和资本密集型制造业 GVC 分工地位的提升主要来自分销、运输、电信和信息服务业的投入，而知识密集型制造业主要依靠分销、运输、专业和商务服务业的投入，而且不同类型服务化对知识密集型制造业 GVC 分工地位的提升作用要远远大于劳动和资本密集型制造业，即制造业总体和不同类型服务化水平的提升更有利于知识密集型制造业 GVC 分工地位的改善。

6.5.2　政策建议

加大制造业的生产性服务业投入水平，促进制造业与生产性服务业的融合。生产性服务业蕴含丰富的知识和技术等高级要素，制造业对生产性服务业的投入能优化制造业的资源配置结构，提升制造业的研发创新水平，有利于制造业实现由加工制造向研发和市场的功能升级。

进一步优化分销和物流服务对制造业 GVC 分工地位的促进作用，分销和物流的快速发展能使制造业更好地进行专业化分工，获取规模经济优势，提高经营运作效率。中国制造业的加工制造能力在参与国际分工中已经得到大幅提升，制造功能专业化水平较高，但在国际市场中仍缺乏营销网络，对外出口还需要依赖日本和中国香港特别行政区的分销和代理商，因分销渠道的缺乏，削弱了中国制造业出口的话语权和获利能力。因此，未来分销和物流服务化水平的构建和提升应更多地体现国际分销和物流网络的建设，使制造业由加工制造环节向营销、物流和售后服务环节转移，提升价值创造能力和价值链地位（张辉，2006）。

依靠以大数据、云计算为主的电信和信息技术的发展，使消费者参与制造业的各环节，特别是研发设计环节，降低研发成本，减少中间环节提高研发效率，借此实现智能制造和数字化转型，有利于扭转当前处于加工制造的低附加值和低分工地位的局面。另外，专业和商务服务业对制造业GVC分工地位促进作用的发挥还需要制造业具有较高的研发强度，因此制造业需加大研发投入力度，以更好地与高端的专业和商务服务业融合。加大对金融市场的改革和监管力度，促进金融行业与实体制造行业的融合。

第 7 章

僵尸企业如何影响企业嵌入全球价值链?

7.1　引言[①]

随着通信和运输成本的降低，各国参与国际分工的模式从专业化生产特定产品转变为了专业化从事产品的特定生产环节，全球价值链（GVC）分工形成。事实上，无论是2014年APEC会议上提出的实施全球价值链、供应链的合作倡议，还是2016年G20峰会上提出的优化全球投资规则，构建利益共享的全球价值链，无一不体现着各国对全球价值链发展的重视。全球价值链的发展为缓解失业、提高收入和削减贫困做出了巨大贡献，据世界银行的2020年《世界发展报告》估计，全球价值链时代，全球价值链参与率每增加1%，就能促进人均收入增长超过1%，远高于标准贸易带来的0.2%收入增长。参与全球价值链也改善了中国的贸易地位和国际竞争力。中国早期凭借丰裕的劳动力要素和廉价的劳动力成本，积极参与全球价值链的合作与竞争，吸引大量外商直接投资（FDI），使中国成为全球中间品的最大供应国（王岚和李宏艳，2015）。与此同时，中国也在不断融入全球价值链过程中获取了低价、高质、多元的中间产品，从而提升了中国企业研发创新能力和生产效率。《世界发展报告》第5章的研究结果也证明国外中间产品的进口通过R&D外溢效应促进了制造业GVC分工地位的提升，即融入全球价值链形成对国外知识和技术等高级要素的集聚能力，有利于促进制造业GVC分工地位的提升。高级要素的集聚能力不仅取决于制造业嵌入国际分工体系所代表的对外开放程度，也受国内市场体制和机制是否完善等因素的影响，国内市场体系是否健全还会影响对要素的配置是否合理，能否释放要素的活力和动力，特别是高级要素的培育更需合理和完善的市场机制。

僵尸企业占用了大量的社会资源，降低了资源配置效率，特别是不利

① 本章为课题组成员的阶段性成果。

于要素的市场化配置，生产要素无法从低效率部门向高效率部门自由流动，不能更好地释放生产要素的活力和动力，不利于企业平等、公平参与国内国际竞争，无疑成为供给侧结构性改革和中国经济高质量发展的“绊脚石”。僵尸企业所代表的低效和非市场化竞争是否会影响制造业嵌入国际分工，其影响机制如何？在全球价值链快速发展的背景下本书研究僵尸企业的不利影响，旨在考察僵尸企业对企业参与全球价值链的影响效果并探究其机制。

僵尸企业的影响作用目前已经得到了广泛关注。从影响的对象来看，目前的研究主要集中在考察僵尸企业对货币政策杠杆（刘莉亚等，2019）、国内投资挤出（谭语嫣等，2017）、企业创新（王永钦等，2018）、企业逃税行为（金祥荣等，2019）等国内宏观经济指标和微观企业绩效的影响。然而，考察僵尸企业对国际投资、贸易等跨国层面问题影响的文献相对较少。阚大学和吕连菊（2020）发现僵尸企业提高了出口集约边际和拓展边际，降低了出口企业的出口附加值。但该文未能进一步探究僵尸企业影响出口附加值的深层机制。从全球价值链嵌入的影响因素来看，已有研究考察了产业政策（唐荣，2020）、FDI（唐宜红和张鹏杨，2017）、融资约束（Manova 和 Yu，2012）、生产率差异（Costinot 和 Rodriguez - Clare，2013）等因素对价值链嵌入的影响，然而却忽视了对僵尸企业这一重要因素的考察。

鉴于以上综述中所呈现出的不足，本书依靠2001—2013年中国工业企业数据库、海关数据库实证检验了僵尸企业占比对企业嵌入全球价值链的影响并探究内在机制。本书拟在以下两个方面进行创新：①从研究视角来看，从僵尸企业的视角来考察影响企业全球价值链嵌入的因素，当然，也以企业嵌入全球价值链为对象考察僵尸企业的影响效果，丰富了当前僵尸企业和全球价值链嵌入的相关理论研究。②从研究内容来看，依靠微观数据库测算了企业全球价值链嵌入并识别了僵尸企业，基于工具变量法等科学方法实证检验了僵尸企业对中国企业全球价值链嵌入的影响效果，此外，还从资源错配、国内外市场化竞争进行影响机制检验，对僵尸企业如何影响企业全球价值链嵌入问题进行了深入、全面的研究。

7.2 理论分析和研究假设

全球价值链是一种在自由竞争的世界市场中，各国根据自身的要素禀赋进行国际分工，通过从事特定生产活动而获得利益分配的一种生产方式，本质而言，是一种资源在世界市场竞争中寻找最优配置的方式。全球价值链作为一种在自由竞争中合理配置资源的方式，僵尸企业对全球价值链嵌入的影响可能会通过阻碍自由竞争和引致资源错配两方面路径而产生。

第一，僵尸企业阻碍内外部市场的自由竞争不利于全球价值链嵌入。在正常的市场竞争机制下，效率高的企业会崛起，效率低的企业则会倒闭，为高效率企业腾出发展空间，在"优胜劣汰"中促进经济发展。僵尸企业的存在即"资不抵债"的企业继续经营，扭曲了"优胜劣汰"的市场竞争机制，导致市场内效率较高的企业收缩经营和新进入者大幅减少。有效地处置僵尸企业，可以促进市场竞争自由化，使市场迸发新活力。进一步区分市场竞争，可以分为国内市场竞争机制和外部因素冲击带来的外部市场竞争机制。对于国内市场而言，僵尸企业会造成国有企业市场垄断的局面，破坏价格机制，阻碍地区市场化水平，不利于高效率的企业及中小企业、私有企业的健康运营，从而也不利于这些企业参与国际分工和全球价值链中；对于国际市场而言，僵尸企业会阻碍外部市场竞争自由化（蒋灵多等，2018），不利于 FDI 等外国资本和生产要素流入国内行业。由于 FDI 可以通过国外中间品、零部件等在企业内部的跨国流动不断提高东道国的全球价值链嵌入度（唐宜红和张鹏杨，2017），因此僵尸企业阻碍 FDI 流入则降低了国外的市场竞争，不利于企业融入全球价值链。

第二，僵尸企业带来资源错配不利于企业嵌入全球价值链。资源配置的本质是在发展成熟的市场经济中，资源从低效率企业流向高效率企业的过程。而当前出于税收、稳定就业和避免不良贷款的考虑，大量的信贷资源和补贴源源不断地流向了没有存活能力的僵尸企业，破坏了资源的自由流动，进而造成了资源错配。一方面，资源错配会带来企业生产率的显著下降（Hsieh 和 Klenow，2009），可能抑制企业参与和嵌入全球价值链的积极性，甚至造成部分企业生产能力不足，难以融入全球价值链；另一方面，僵尸企业一是具有较低的生产能力，二是具有较大的政策、信贷等方面的支持优势，因此研发创新的能力和动机均不充足（王永钦等，2018），这也抑制了企业全球价值链嵌入。此外，僵尸企业占用了大量的社会资源也阻碍了其他正常企业利用有限资源进行研发创新，从而降低了其他企业融入全球价值链的能力，对企业整体的全球价值链嵌入具有负面影响。

基于以上分析，本书提出以下几个待检验的假设：

假设 7.1：僵尸企业对企业嵌入全球价值链具有负面影响。

假设 7.2：僵尸企业会通过加剧资源错配程度阻碍企业嵌入全球价值链。

假设 7.3：僵尸企业会通过抑制内外部市场化竞争程度，不利于企业嵌入全球价值链。具体而言：一方面可能会降低国内市场化竞争程度，另一方面也可能会阻碍跨国公司和外商投资自由进入，两方面均降低了市场化程度，阻碍企业的全球价值链嵌入。

推论 7.1：以上两方面路径决定在错配程度差异明显和市场化竞争程度不同的企业类型中，僵尸企业对不同类型企业的全球价值链嵌入存在差异化影响。

7.3 指标测算与典型事实

7.3.1 僵尸企业的识别、测算与描述

本书参照谭语嫣等（2017）的方法测度僵尸企业，具体实施步骤

如下：

估算企业 i 在 t 年的最低应付利息 $RA_{i,t}$：

$$RA_{i,t} = rs_{t-1} \times BS_{i,t-1} + (\frac{1}{5}\sum_{j=1}^{5} rl_{t-j}) \times BL_{i,t-1} \tag{7.1}$$

其中，rs 和 rl 分别为银行1年期和5年平均的长期基准贷款利率的0.9倍，$BS_{i,t-1}$ 和 $BL_{i,t-1}$ 分别为企业 i 第 $t-1$ 年的短期负债和长期负债。

估算企业的利息收入 $RB_{i,t}$：

$$RB_{i,t} = (AT_{i,t-1} - AR_{i,t-1} - AI_{i,t-1}) \times rd_t \tag{7.2}$$

其中，$AT_{i,t}$、$AR_{i,t}$、$AI_{i,t}$ 分别表示企业的流动资产、应收账款、存货，rd_t 表示银行 t 年的1年期基准存款利率。

最后，利用企业息税前利润[①] $EBIT_{i,t}$ 与计算的最小净利息支出（$RA_{i,t} - RB_{i,t}$）进行对比，并且用企业的上期借债 $B_{i,t-1}$ 对差值进行标准化，得到利息差 $gapadj_{i,t}$：

$$gapadj_{i,t} = [EBIT_{i,t} - (RA_{i,t} - RB_{i,t})]/B_{i,t-1} \tag{7.3}$$

基于该方法，本书识别了2001—2013年中国工业企业数据库中的僵尸企业。进一步地，分别以行业中企业的资产和数量为权重，计算出2001—2013年中国工业企业数据库中39个行业的僵尸企业资产占行业总资产的比重（ZA）和僵尸企业的数量占行业总企业数量的比重（ZQ）。测算的2001—2013年僵尸企业占比的整体情况如下：从时间趋势看，2001年僵尸企业ZA和ZQ最高，分别为59.3%和58.6%（见图7.1）。其后可能由于国有企业改革和市场化程度提高，僵尸企业比例大幅下降，2007年ZA和ZQ分别下降到了30.9%和33.3%。2007年后呈波动趋势，在2010年以后上升明显，2013年ZA和ZQ分别为36.9%和30.9%。该测算结论与谭语嫣等（2017）是基本一致的。

从异质企业角度，对不同类型企业和不同贸易方式企业中的僵尸企业占比进行统计，差异较明显，具体如表7.1所示。大体上存在如下特征事实：①无论是何种所有制、何种贸易方式的企业，随着时间的推移，整体

① 息税前利润是指不扣除利息也不扣除所得税的利润，即支付利息和所得税之前的利润。在本书中使用企业总利润代替。

呈现出僵尸企业占比 2007 年前下降，2007 年以后有所上升的趋势，这与总体趋势是基本一致的。②国有企业的僵尸企业资产份额相对较高；私有企业的僵尸企业占比相对较低，而外资企业的僵尸企业资产份额最低，这一方面可能是由于国有企业因缺乏必要的市场竞争机制导致僵尸企业较高，另一方面可能是由于外资企业或私有企业中的竞争程度较高，僵尸企业资产份额较低。③加工贸易企业中的僵尸企业占比低，而一般贸易企业中僵尸企业占比较高，这可能是由于加工贸易企业多是中小企业或外资企业，市场竞争程度更高，因此僵尸企业资产份额相对低。

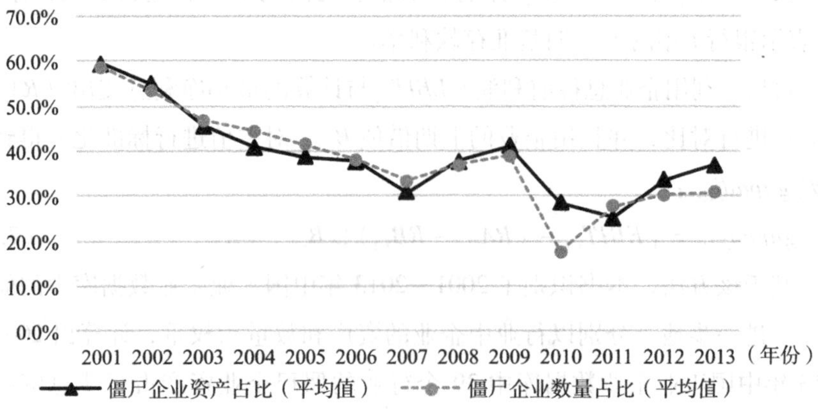

图 7.1　2001—2013 年僵尸企业资产规模占比和数量占比的动态演进

注：平均值是指历年各行业的平均值。

表 7.1　企业异质性下僵尸企业资产占比　单位：%

企业性质＼年份	2001	2003	2005	2007	2009	2011	2013
国有企业	71.5	52.4	41.1	33.8	49.4	37.7	47.3
外资企业	43.7	31.0	34.5	27.7	36.4	23.2	34.1
私有企业	59.8	45.1	40.9	33.0	42.8	26.7	36.7
一般贸易	55.5	39.0	48.2	39.2	59.6	32.5	48.8
加工贸易	55.4	37.6	35.2	26.6	34.9	20.2	33.8

资料来源：作者测算。

7.3.2　企业嵌入全球价值链指标测算与描述

根据Wang等（2013）的研究，全球价值链的嵌入程度实际上代表了一国出口最终产品中使用国外中间产品（中间环节）的比重，本书借鉴Kee和Tang（2016）的测算思路，充分考虑了中间商代理、返回并被本国吸收的出口国内增加值、折旧等多方面问题，测算制造业企业嵌入全球价值链的程度。

将测度的僵尸企业资产占比与企业全球价值链嵌入度的测算结果相结合，绘制表7.2。表7.2统计描述了僵尸企业占比程度不同行业的企业全球价值链嵌入度的平均情况。我们选取僵尸企业资产占比的十分位数、四分位数和二分位数的行业进行统计，以对比最高分位数行业企业与最低分位数行业企业的全球价值链嵌入度的差异。以十分位数为例，2001年僵尸企业占比最高的10%的行业内企业的平均全球价值链嵌入度为23.16%，而最低的10%的行业内企业的平均全球价值链嵌入度为46.92%，相比而言，前者比后者的全球价值链嵌入度低了23.76%。事实上，表7.2的统计表明：无论在何年份、何种分位数，僵尸企业占比较高的行业内企业全球价值链嵌入程度均显著低于僵尸企业占比较低的行业。以上结果也初步表明了僵尸企业对企业全球价值链嵌入可能存在一定程度的负面影响。

表7.2　僵尸企业程度不同行业的全球价值链嵌入度情况　单位：%

年份	*ZA* 十分位数			*ZA* 四分位数			*ZA* 二分位数		
	最高10%	最低10%	差异值	最高25%	最低25%	差异值	最高50%	最低50%	差异值
2001	23.16	46.92	-23.76	26.25	41.79	-15.54	27.97	39.10	-11.13
2004	6.29	29.77	-23.48	29.19	38.26	-9.07	26.43	31.55	-5.12
2007	21.33	31.55	-10.22	22.09	25.83	-3.74	23.75	27.36	-3.61
2010	22.83	28.49	-5.66	21.46	24.77	-3.31	22.85	26.74	-3.89
2013	14.19	18.49	-4.3	15.04	17.87	-2.83	11.47	15.44	-3.97

资料来源：作者测算。

7.4 模型设定与数据来源

7.4.1 模型构建与变量选取

为研究僵尸企业对企业嵌入全球价值链的影响，并对前文的假设 7.1 进行验证，以企业的全球价值链嵌入度为被解释变量，以行业中僵尸企业占比为核心解释变量，构建计量模型如下：

$$GVC_{it}^{rj} = \alpha_1 + \beta_1 ZB_t^j + \gamma_1 X_{it} + \gamma_2 Y_t^j + v^r + v^j + v_t + \varepsilon_{it}^{rg} \quad (7.4)$$

其中，i 表示企业，r 表示地区，j 表示行业，t 表示年份；GVC_{it}^{rj} 表示第 t 年地区 r 行业 j 的企业 i 的全球价值链嵌入度；ZB_t^j 表示第 t 年行业 j 中僵尸企业的占比情况，本书主要使用上文测度的行业僵尸企业资产占比（*ZA*）和企业数量占比（*ZQ*）来衡量。与此同时，本书还另外选取了其他两种测算僵尸企业占比的方法，将在后续的稳健性检验中呈现。

另外，X_{it} 和 Y_t^j 分别表示企业和行业层面的控制变量组。企业层面的控制变量主要包括企业劳动生产率（*TFP*）①、企业出口贸易规模（对数值）（*Export*）、企业规模（*Size*）、企业利润总额（*Irze*）、企业年龄（*Age*）、加工贸易份额（*Process*）、是否为国有企业（*Soe*，当一家企业为国有企业时，*Soe* 变量取值为“1”，否则为“0”）②、是否为外商企业（*Foreign*，当一家企业为外资企业时，*Foreign* 变量取值为“1”，否则为“0”）；行业控制变

---

① 使用 OP 方法测算 TFP 中，由于 2007 年以后年份工业企业数据库中部分变量缺失较难测算，因此一般只能测算到 2007 年。2007 年以后年份的 TFP 测算中，本书在参考张鹏杨和唐宜红（2018）的基础上，使用企业劳动生产效率（企业总产值/企业从业人数）的对数值作为 TFP 的替代变量进行研究。

② 本书参考已有研究将国有资本金占实收资本份额超过 35% 的企业定义为国有企业，将（外商资本金 + 港澳台资本金）占实收资本份额超过 20%，且非国有企业的企业定义为外商企业，其余为其他企业。

量上主要选取了行业赫芬达尔指数（*HHI*）。由于本书研究僵尸企业在行业内影响的溢出效应，本质上是研究高层级的变量（行业）对低层级变量（企业）的影响，因此参考 Javorcik（2004）等的研究，控制了较高层级的地区固定效应（v^r）、行业固定效应（v^j）和年份固定效应（v_t），当然在基准回归中也控制了企业固定效应进行研究。式（7.4）中 ε_{it}^{rj} 为随机误差项。

7.4.2 数据来源与数据处理

本书使用的基础数据来自2000—2013年的中国工业企业数据库，僵尸企业占比测算和控制变量选取均来源此数据库。本书对数据进行了初步处理：①剔除关键变量如资产总计、从业人数、产品销售收入等数值缺失的观测值。②剔除如总资产小于流动资产、总资产小于固定资产、累计折旧小于当期折旧等会计指标异常的观测值。③剔除如实收资本和总资产等为负数、企业员工数小于8人等不合理的观测值。此外，本书还使用了2001—2013年海关贸易数据库测算企业全球价值链参与度。参考相关做法，将中国海关数据库中企业名称包含“进出口”“经贸”“贸易”“科贸”“外经”等字样的企业归为贸易中间商并剔除，测算企业全球价值链参与度。最后，参考唐宜红和张鹏杨（2018）的研究将中国工业企业数据库与中国海关贸易数据库按照企业名称进行合并。

7.5 实证回归结果

7.5.1 基准回归结果分析

以僵尸企业资产占比（*ZA*）和僵尸企业数量占比（*ZQ*）为解释变量，表7.3报告了僵尸企业对全球价值链嵌入的影响结果。其中，（1）—（4）

列使用了固定效应（FE）模型。其中，（1）（3）列控制了省份、行业和年份固定效应，在加入所有控制变量后，核心解释变量的回归系数显著为负表明僵尸企业对我国出口企业嵌入全球价值链具有显著的负向影响。平均而言，*ZA* 和 *ZQ* 每增加 1%，会分别带来行业内企业的全球价值链嵌入程度减少 0.05 和 0.117。（2）（4）列控制了企业固定效应，核心解释变量依然显著为负，表明僵尸企业占比增加不利于我国企业提升全球价值链嵌入程度。

表 7.3　　僵尸企业占比与全球价值链嵌入程度

变量	(1) FE	(2) FE	(3) FE	(4) FE	(5) IV	(6) IV	(7) IV	(8) IV
ZA	-0.050***	-0.068***			-0.285***	-0.946***		
	(0.018)	(0.015)			(0.075)	(0.166)		
ZQ			-0.117***	-0.190***			-0.423***	-1.325***
			(0.040)	(0.027)			(0.106)	(0.291)
TFP	-0.009	-0.049***	-0.009	-0.049***	-0.009	-0.013*	-0.009	-0.013*
	(0.007)	(0.003)	(0.007)	(0.003)	(0.007)	(0.007)	(0.007)	(0.007)
Export	0.005	0.017***	0.005	0.017***	0.004	0.007**	0.004	0.007**
	(0.003)	(0.003)	(0.003)	(0.003)	(0.003)	(0.003)	(0.003)	(0.003)
Size	0.007**	0.020***	0.007**	0.019***	0.007***	0.004	0.007***	0.005
	(0.003)	(0.002)	(0.003)	(0.002)	(0.003)	(0.003)	(0.003)	(0.003)
Irze	-0.002**	-0.001*	-0.002**	-0.001*	-0.003**	-0.002*	-0.003**	-0.002**
	(0.001)	(0.001)	(0.001)	(0.001)	(0.001)	(0.001)	(0.001)	(0.001)
Age	-0.002***	-0.001***	-0.002***	-0.001***	-0.002***	-0.002***	-0.002***	-0.002***
	(0.000)	(0.000)	(0.000)	(0.000)	(0.000)	(0.000)	(0.000)	(0.000)
Process	0.324***	0.135***	0.324***	0.134***	0.325***	0.321***	0.324***	0.321***
	(0.018)	(0.013)	(0.018)	(0.013)	(0.018)	(0.019)	(0.018)	(0.019)
Soe	-0.021***	-0.007***	-0.021***	-0.007***	-0.022***	-0.019***	-0.022***	-0.019***
	(0.002)	(0.002)	(0.002)	(0.002)	(0.002)	(0.003)	(0.002)	(0.003)
Foreign	0.064***	0.020***	0.064***	0.020***	0.065***	0.065***	0.065***	0.066***
	(0.004)	(0.002)	(0.004)	(0.002)	(0.004)	(0.003)	(0.004)	(0.003)
HHI	0.089	0.014	0.090	0.020	0.103	-0.077	0.097	-0.104
	(0.067)	(0.021)	(0.067)	(0.021)	(0.068)	(0.141)	(0.069)	(0.174)

续表

变量	(1) FE	(2) FE	(3) FE	(4) FE	(5) IV	(6) IV	(7) IV	(8) IV
省份固定效应	是	否	是	否	是	否	是	否
行业固定效应	是	否	是	否	是	否	是	否
年份固定效应	是	否	是	否	是	否	是	否
企业固定效应	否	是	否	是	否	是	否	是
Anderson LM 统计值					38.805 (0.000)	21.132 (0.000)	20.551 (0.000)	19.203 (0.000)
Cragg - Donald Wald F 统计值					2.3e+04 {16.38}	462.097 {16.38}	2.5e+04 {16.38}	496.682 {16.38}
观测值	297 372	275 114	297 372	275 114	290 374	290 374	290 374	290 374
R^2	0.349	0.821	0.349	0.821	0.348	0.347	0.349	0.347

注：括号内是行业层面聚类稳健标准误；“{ }”内的数值为 F 统计值；***、** 和 * 分别表示在 1%、5% 和 10% 统计水平上显著。

7.5.2　内生性检验

7.5.2.1　工具变量法

虽然本书回归分析中使用的解释变量和被解释变量不在同一个层级，一定程度上缓解了反向因果等内生性问题，但依然不能排除可能存在遗漏变量、反向因果等内生性问题。因此，本书使用谭语嫣等（2017）提出的工具变量（Instrumental Variable，IV），即以行业在样本期初的国有企业比例乘以上一年全国国有企业资产负债率为行业僵尸企业占比的工具变量。如此选择的主要原因是：国有企业中僵尸企业占比较高，使得样本初期国有企业占比与行业僵尸企业占比相关，因此该 IV 满足相关性要求。构建 IV 的两个要素均为前定变量，两者相乘所得的 IV 反映的是前一年各行业中国有企业占用信贷资源的程度，因此满足排他性要求。使用前定变量作为 IV，可以最大程度上缓解内生性问题。表 7.3 中（5）—（8）列引入以上 IV。通过 Anderson LM 统计量和 Cragg - Donald Wald F 统计量对 IV 进行“可识别性检验”和“弱工具变量”检验，发现 IV 是合适的。表 7.3（5）—（8）列的结果显示，无论使用何种指标衡量僵尸企业，以及无论控制何种固定效应，均表明僵尸企业对企业全球价值链嵌入具有负向影响。

鉴于IV回归可以很好地处理内生性问题，后续的分析将继续选用此IV进行回归分析。此外，下文研究僵尸企业在行业内影响的溢出效应，在固定效应方面以控制省份、行业和年份固定效应为主。

7.5.2.2 其他方法处理内生性问题

本部分继续使用3种方法解决可能存在的内生性问题：①使用核心解释变量的滞后一期为解释变量进行回归。以核心解释变量的滞后一期替代原核心解释变量进行研究，结果在表7.4的（1）（2）列呈现，表明滞后一期的僵尸企业对企业全球价值链嵌入有显著的负向影响，结论与前文一致。②使用滞后一期的核心解释变量作原核心解释变量的IV进行回归。主要考虑是：滞后一期的解释变量与当期解释变量存在相关性，但不会受到被解释变量影响，满足工具变量的“相关性”和“外生性”前提。结果见（3）（4）列，表明僵尸企业对全球价值链嵌入具有负向影响。③使用GMM估计。表7.4（5）（6）列分别将*ZA*和*ZQ*作为内生变量，选用内生变量的滞后一期进行GMM估计，从估计的有效性来看，AR（2）和Sagan检验均接受原假设，表明已经满足了使用GMM估计的基本前提。（5）（6）列的回归中核心解释变量的影响与前文方向一致。以上结果表明，在多种方法下考虑内生性问题后，僵尸企业依然对全球价值链嵌入存在显著的负向影响。

表7.4　　考虑内生性后的回归结果

变量	（1）FE	（2）FE	（3）IV	（4）IV	（5）GMM	（6）GMM
ZA			-0.111** (0.049)		-0.023** (0.010)	
ZQ				-0.228** (0.089)		-0.066*** (0.009)
lagZA	-0.048** (0.021)					
lagZQ		-0.115** (0.046)				

续表

变量	(1) FE	(2) FE	(3) IV	(4) IV	(5) GMM	(6) GMM
控制变量	是	是	是	是	是	是
省份固定效应	是	是	是	是	是	是
行业固定效应	是	是	是	是	是	是
年份固定效应	否	否	是	是	是	是
Sagan - Test - P					[0.449]	[0.521]
AR (1)					0.000	0.000
AR (2)					0.361	0.712
观测值	281 146	281 146	281 146	281 146	52 489	52 489
R^2	0.343	0.343	0.343	0.343	—	—

注：(1) 括号内是行业层面聚类稳健标准误；“[ ]”内为P值；***、** 分别表示在1%、5%统计水平上显著。

(2) 为节省篇幅本部分不再汇报控制变量的回归结果。

(3) 表中第 (3) 列和第 (4) 列的 IV 方法中，Anderson LM 统计量和 Cragg - Donald Wald F 统计值均通过了证明 IV 有效的检验，为节省篇幅不再汇报。

7.5.3　稳健性检验

接下来，我们对上文的结果进行更多的稳健性检验，包括：第一，更换僵尸企业识别方法。参考谭语嫣等（2017）的方法，银行可能会通过提供债务和利息的展期的方式向“资不抵债”的企业提供隐性补贴。针对这一可能性，本书设定将满足以下三个条件：①企业息税前利润小于最小利息净支出；②企业负债超过总资产的50%；③第 t 期负债大于第 $t-1$ 期负债的企业设为第 t 期的僵尸企业。第二，使用僵尸企业识别方法。谭语嫣等（2017）指出由于利润总额中包含企业当年的非经常性损益，比如亏损的僵尸企业可能因为获得政策性补贴而在账面上依然显示正的利润总额，因而被误定为非僵尸企业。因此，改用营业利润替代利润总额来完成僵尸企业的测度可以弥补以上的不足。第三，剔除短期存活的企业。仅在短期存活的企业，或者在短时间内退出的企业，其参与全球价值链的程度较低，而这些企业退出全球价值链可能受自身生产率较低等多方面因素的影响，不一定是僵尸企业的影响，其存在可能会造成对僵尸企业影响企业全球价值链嵌入的负面影响高估。基于此，本书在此次稳健性检验中剔除了短期存活，或者说是快速退出全球价值链的企业。具体做法是：在本书选取的13年的时间样本中，剔除了存活时间小于7年的企业。第四，将全球价值链嵌入度数据进行截尾处理，剔除全球价值链嵌入度最高和最低的1%，以此消除极端值的影响（见表7.5）。

表7.5 更多稳健性检验

变量	更换僵尸企业识别		更换僵尸企业识别		长期参与GVC的企业		最大值/最小值截尾1%	
	(1) IV	(2) IV	(3) IV	(4) IV	(5) IV	(6) IV	(7) IV	(8) IV
ZA	-0.576*** (0.169)		-0.381*** (0.100)		-0.183** (0.079)		-0.291*** (0.075)	
ZQ		-0.847*** (0.222)		-0.390*** (0.098)		-0.284** (0.130)		-0.432*** (0.107)
控制变量	是	是	是	是	是	是	是	是
省份固定效应	是	是	是	是	是	是	是	是
行业固定效应	是	是	是	是	是	是	是	是
年份固定效应	是	是	是	是	是	是	是	是
行业 Cluster	是	是	是	是	是	是	是	是
Observations	290 374	290 374	290 374	290 374	122 789	122 789	287 484	287 484
R-squared	0.345	0.349	0.347	0.349	0.353	0.353	0.346	0.346

注：括号内是行业层面聚类稳健标准误；***、** 分别表示在1%、5%的统计水平上显著。

以上回归均是以企业行业样本初期国有份额比例与上一年行业资产负债率的乘积作工具变量进行的IV估计。结果均证明了行业僵尸企业占比对行业内企业的全球价值链嵌入存在显著的负面影响，且结果稳健，证明了假设7.1的推断。

7.5.4 异质性检验

推论7.1指出存在不同错配程度或者竞争程度的企业类型，受到僵尸企业的影响可能存在差异。接下来，我们将对异质性企业下僵尸企业的影响效果进行检验。

7.5.4.1 不同性质企业的异质性检验

中国不同所有制企业面临着生产经营环境和参与国际分工上的差异，那么，僵尸企业对不同类型的企业的 GVC 嵌入存在何种差异影响？表 7.6 汇报了相关结果。(1)(2) 列考察了对国有企业 GVC 嵌入的影响，结果表明僵尸企业对国有企业参与 GVC 存在明显的负向影响；(3)(4) 列和 (5)(6) 列分别考察了对私营企业和外资企业的影响，表明僵尸企业对私营企业的 GVC 嵌入影响不显著，而对外资企业存在显著的负向影响。呈现以上结果可能的原因是：①僵尸企业活力较低，同时参与国际分工的程度也较低，由于僵尸企业大量存在于国有企业之中，因此直接降低了国有企业参与全球价值链的程度。②对于外资企业而言，外资企业的僵尸企业较少，企业活力较强，相比国有企业会存在较高的全球价值链参与程度，因此僵尸企业对降低全球价值链参与程度存在较大的影响空间；同时，僵尸企业的存在会影响国内外市场的自由竞争，阻碍外资进入，占用了大量的社会资源，引发了资源错配，这一路径降低了外资企业参与全球价值链的程度。③对于私营企业，一方面，多数私营企业为中小民营企业，参与全球价值链的能力不足，GVC 嵌入程度较低，受僵尸企业影响带来 GVC 嵌入下降的空间较小；另一方面，私营企业中的僵尸企业较少，因此可能不会因为僵尸企业增多而影响该类企业嵌入全球价值链。以上两方面均造成僵尸企业对私营企业 GVC 嵌入的负向影响不显著。

表 7.6　僵尸企业对不同性质企业 GVC 嵌入的差异化影响

变量	国有企业		私营企业		外商投资企业	
	(1) IV	(2) IV	(3) IV	(4) IV	(5) IV	(6) IV
ZA	−0.756**		−0.093		−0.253***	
	(0.372)		(0.073)		(0.087)	
ZQ		−1.002**		−0.148		−0.364***
		(0.409)		(0.123)		(0.121)
控制变量	是	是	是	是	是	是
省份固定效应	是	是	是	是	是	是

续表

变量	国有企业		私营企业		外商投资企业	
	(1) IV	(2) IV	(3) IV	(4) IV	(5) IV	(6) IV
行业固定效应	是	是	是	是	是	是
年份固定效应	是	是	是	是	是	是
观测值	50 634	50 634	69 022	69 022	214 517	214 517
R^2	0.262	0.269	0.274	0.274	0.332	0.332

注：括号内是行业层面聚类稳健标准误；***、** 分别表示在1%、5%的统计水平上显著。

7.5.4.2 不同贸易方式企业的异质性检验

不同贸易方式的企业在参与国际分工上存在差异，对此我们将出口企业分为从事纯一般贸易和纯加工贸易的两类企业子样本，考察僵尸企业对不同贸易方式企业的全球价值链嵌入的影响。表7.7的（1）（2）列对一般贸易企业的考察发现僵尸企业对一般贸易企业的GVC嵌入的影响并不明显；相反，（3）（4）列的回归结果表明僵尸企业对加工贸易企业参与GVC的负面影响尤其明显。以上结果的呈现事实上具有一定的原因：一方面，对中国而言，从事加工贸易的企业多数为参与全球价值链生产的、生产率较低的中小企业以及外资企业（戴觅等，2014；逯宇铎和戴美虹，2014），这些企业对融资等社会资源较为敏感，僵尸企业的存在占用了大量的社会资源导致资源错配，直接影响了这些生产率水平较低的加工贸易企业；另一方面，僵尸企业的存在破坏了市场竞争机制，不利于外资进入，进而影响了受外资影响较大的加工贸易企业。相较而言，一般贸易企业则受到僵尸企业的影响较小。

表7.7 僵尸企业对不同贸易方式企业GVC嵌入的差异化影响

变量	一般贸易企业		加工贸易企业	
	(1) IV	(2) IV	(3) IV	(4) IV
ZA	0.043 (0.078)		−0.435*** (0.124)	
ZQ		0.077 (0.142)		−0.594*** (0.149)

续表

变量	一般贸易企业		加工贸易企业	
	(1) IV	(2) IV	(3) IV	(4) IV
控制变量	是	是	是	是
省份固定效应	是	是	是	是
行业固定效应	是	是	是	是
年份固定效应	是	是	是	是
观测值	111 131	111 131	179 243	179 243
R^2	0.137	0.137	0.170	0.171

注：括号内是行业层面聚类稳健标准误；*** 表示在1%的统计水平上显著。

7.5.5 影响机制检验

前文的理论讨论和异质性检验中都提出了僵尸企业带来的资源错配和抑制市场竞争机制可能是造成僵尸企业对全球价值链嵌入带来负面影响的原因。本部分将从以上两方面分别检验僵尸企业如何影响全球价值链嵌入，同时也是对假设7.2和假设7.3的检验。

7.5.5.1 僵尸企业、资源错配与企业全球价值链嵌入

Hsieh 和 Klenow（2009）提出利用全要素生产率价值（TFPR）的离散程度来衡量资源配置效率的方法。一是行业内企业 TFP 的标准差体现了生产率的离散程度和分化问题；二是使用行业内 TFP 最高的 10% 的企业与 TFP 最低的 10% 的企业的十分位差也能体现 TFP 的分化程度。本书使用了以上两种方式刻画资源错配程度，分别记为 *Dist*1 和 *Dist*2。在式（7.1）的基础上加入 *ZA* * *Dist*1 和 *ZQ* * *Dist*1 的交叉项，相关回归结果如表7.8所示。(1) —（4）列以行业全要素生产率的标准差 *Dist*1 作为衡量资源错配的代理变量，其中，(1)（2）列和（3）（4）列分别以僵尸企业资产占比（*ZA*）和僵尸企业数量占比（*ZQ*）为核心解释变量。

表7.8的（1）列研究了僵尸企业资产占比对资源错配的影响，表明僵尸企业显著加剧了资源错配；（2）列以全球价值链嵌入为被解释变量，僵尸企业资产占比与资源错配的交互项系数显著为负表明僵尸企业通过加

剧资源错配对企业嵌入全球价值链存在显著的负向影响。(3)(4)列与(1)(2)列的思路和逻辑一致，结果表明僵尸企业数量占比加剧了资源错配，是影响企业嵌入全球价值链的重要路径。

表7.8的(5)—(8)列选取了以TFP的十分位差*Dist*2作为资源错配的代理变量，仍然发现了与(1)—(4)列一致的结论。表7.8的研究结果对假设7.2进行了证明。

表7.8　　僵尸企业、资源错配与全球价值链嵌入

变量	*Dist*1：以行业内企业TFP标准差衡量				*Dist*2：以行业内企业TFP十分位差衡量			
	(1) IV *Dist*1	(2) IV *GVC*	(3) IV *Dist*1	(4) IV *GVC*	(5) IV *Dist*2	(6) IV *GVC*	(7) IV *Dist*2	(8) IV *GVC*
ZA	0.046*** (0.002)	4.558** (2.301)			0.040*** (0.006)	8.738*** (1.379)		
ZA * *Dist*1		-4.321** (2.147)						
ZQ			0.265*** (0.068)	9.476* (5.095)			0.269* (0.144)	77.458** (34.205)
ZQ * *Dist*1				-8.809* (4.660)				
*Dist*1		1.683* (0.897)		4.021* (2.160)				
ZA * *Dist*2						-3.484*** (0.545)		
ZQ * *Dist*2								-29.603** (13.058)
*Dist*2						1.346*** (0.215)		12.996** (5.749)
控制变量	是	是	是	是	是	是	是	是
省份固定效应	是	是	是	是	是	是	是	是
行业固定效应	是	是	是	是	是	是	是	是
年份固定效应	是	是	是	是	是	是	是	是
观测值	297 372	290 374	297 372	290 374	297 372	290 374	297 372	290 374
R^2	0.867	0.184	0.873	0.146	0.861	0.148	0.862	0.791

注：括号内是行业层面聚类稳健标准误；***、**和*分别表示在1%、5%和10%的统计水平上显著。

7.5.5.2 僵尸企业、市场化竞争机制与企业全球价值链嵌入

市场化竞争机制可以从两个角度来思考：一是本国国内市场的市场化竞争程度。樊纲（2010）测算了中国各省市场化指数。该指标衡量了我国各地区的市场化进程，包括政府与市场关系、非国有经济发展、产品市场的发育、要素市场的发育和市场法治环境等，能够较好体现地区的国内市场竞争程度。该指数均为正数，且数值越大则表明市场化程度越高，本书用 *M_Inx* 表示。二是外部或国际市场的竞争与自由化程度。Bhagwati 和 Ramaswami（1963）提出，纠正国内市场失灵的最优政策是直接针对问题根源的国内政策，对外开放的相关政策可作为次优策略纠正国内的市场失灵。在度量外部或国际市场竞争机制上，本书使用行业的外商投资企业资产占行业企业总资产的份额来度量行业的外资自由化程度。该份额越大则说明外部市场化机制越强。本书用 *FDI_Inx* 表示。

首先，检验国内市场化竞争机制。前文理论分析表明，僵尸企业对国内市场化存在负面影响。以 *M_Inx* 衡量国内市场化竞争，数值越大则表示国内地区市场化程度越高。为了实现市场化指数的变化方向与 *ZA*（*ZQ*）的变化方向一致，本书在下文回归中衡量国内市场化时以 *M_Inx* 的相反数形式呈现，即 *D - M_Inx*，该指数的数值越小则代表国内市场化程度越高。

表7.9（1）列研究了僵尸企业资产占比对国内市场化的影响，影响显著为正表明随着僵尸企业资产占比的增大，企业所在地区的市场化指数的相反数（*D - M_Inx*）会上升，由此证明了僵尸企业对国内市场化竞争机制具有负向影响；（2）列以企业嵌入全球价值链程度为被解释变量，引入僵尸企业占比与国内市场化指数的交叉项。回归方法与前文一致。交叉项系数显著为负表明：僵尸企业资产占比越大通过降低国内市场化程度会带来企业全球价值链嵌入程度的下降。表7.9的（3）（4）列以僵尸企业数量占比为核心解释变量重复（1）（2）列的研究，依然发现了与前面一致的结论。

表 7.9 僵尸企业、国内市场化机制与全球价值链嵌入

变量	(1) IV D－M_Inx	(2) IV GVC	(3) IV D－M_Inx	(4) IV GVC	(5) IV D－FDI_Inx	(6) IV GVC	(7) IV D－FDI_Inx	(8) IV GVC
ZA	0.281*** (0.056)	－1.510*** (0.335)						
ZA＊(D－M_Inx)		－0.156*** (0.036)						
ZQ			0.459*** (0.109)	－0.784*** (0.165)				
ZQ＊(D－M_Inx)				－0.025*** (0.007)				
D－M_Inx		－0.047*** (0.016)		－0.011** (0.005)				
ZA					0.155*** (0.043)	－0.425*** (0.099)		
ZA＊(D－FDI_Inx)						－0.721*** (0.178)		
ZQ							0.356*** (0.054)	－0.526*** (0.114)
ZQ＊(D－FDI_Inx)								－0.668*** (0.195)
D－FDI_Inx						－0.251*** (0.072)		－0.231*** (0.084)
控制变量	是	是	是	是	是	是	是	是
省份固定效应	是	是	是	是	是	是	是	是
行业固定效应	是	是	是	是	是	是	是	是
年份固定效应	是	是	是	是	是	是	是	是
观测值	202 661	197 675	202 661	197 675	297 372	290 374	297 372	290 374
R^2	0.965	0.202	0.965	0.202	0.849	0.196	0.852	0.196

注：括号内是行业层面聚类稳健标准误；***、** 分别表示在 1%、5% 的统计水平上显著。

接下来，检验外部市场化竞争机制，即考察僵尸企业是否通过影响外资进入自由化进而影响企业参与全球价值链。与上文的思路一致，为了实

现FDI指数的变化方向与 *ZA*（*ZQ*）的变化方向一致，本书在回归中以 *FDI_Inx* 的相反数形式衡量外资自由化，即 *D－FDI_Inx*，该指数的数值越小，则代表外资自由化程度越高，结果见表7.9的（5）—（8）列。

从表7.9的（5）列可以看出，行业中僵尸企业份额与 *D－FDI_Inx* 呈现显著的正相关关系，即僵尸企业资产占比提升会带来 *D－FDI_Inx* 指数的上升，换言之，僵尸企业降低了外资自由化程度，即抑制了外部市场化机制。表7.9的（6）列交叉项系数显著为负，表明僵尸企业通过降低外资的自由流动和外部市场化机制对企业全球价值链嵌入产生了负向影响。表7.9的（7）（8）列以僵尸企业数量占比为核心解释变量重复（5）（6）列的研究，也表明僵尸企业会通过减少外资流入对企业全球价值链嵌入具有抑制作用。

综合以上对国内和外部两方面市场化竞争机制的检验，可以得到基本一致的结论：僵尸企业占比增加会抑制市场化竞争机制，对企业嵌入全球价值链具有负向影响。以上结论也检验和证明了对假设7.3的推断。

7.6　研究结论与启示

党的十九大报告指出中国要推动形成全面开放新格局，推动建设开放型世界经济。促进中国乃至世界各国参与全球价值链，从而形成包容性全球价值链，这已经成为推动建设开放型世界经济的题中之义。与此同时，中国国内正处于转换增长动力的深水期，供给侧结构性改革成为对内改革面临的长期且重要的问题。处置僵尸企业是推进供给侧结构性改革，实现经济高质量发展的重要路径。基于2001—2013年中国工业企业数据和海关数据，本书研究了僵尸企业对企业嵌入全球价值链的影响，结果发现：①僵尸企业对企业全球价值链嵌入存在显著的负向影响，这一影响在考虑内生性和多重稳健性检验下均成立。②僵尸企业对国有企业、外资企业和加工贸易企业嵌入全球价值链的负向影响尤为明显，相反，对私营企业和一般贸易企业的全球价值链嵌入影响不明显。③僵尸企业一方面加剧了行业资源错配影响了企业全球价值链嵌入；另一方面也抑制了市场化竞争机制，表现为降低了国内市场化进程和阻碍了外商投资自由化竞争，对企业参与全球产业分工和价值链具有负面影响。

从本章的研究结论中可以得到的重要的启示是：实现中国全面开放新格局首当其冲应当立足于国内改革。在未来，在提升企业参与全球价值链方面的策略上不仅要从国家的开放视角、企业自身能力、企业面临的贸易成本等方面着眼，更应当重视国内市场机制改革。就国内改革而言，尤其是国有企业改革一直以来都是面临的最大问题之一，出清僵尸企业就是国有企业改革的重要方面。僵尸企业是阻碍企业参与国际竞争和产业分工的“绊脚石”，因此要加大力度推进国内体制改革，分类处置僵尸企业。一方面，落实党的十八届三中全会提出的“市场机制在资源配置中发挥决定性作用”的方针，加快推进国有企业和金融体系的市场化改革；另一方面，对于已经形成的僵尸企业也可以分类处置，对于短期遇到困难的企业，可以采取市场化的收购兼并、混合所有制和债转股等手段帮其摆脱困难。未来的政策方面，应当更加关注产业政策、僵尸企业等造成的资源错配所带来的消极影响，引入竞争和淘汰机制，健全市场价格机制，推动国内市场化改革，放宽外资进入领域，一方面，严堵僵尸企业发挥负面作用的路径；另一方面，畅通提升企业全球价值链的机制，以此缓解僵尸企业对全球价值链嵌入的负面影响。

第 8 章

研究总结、展望与不足

本书基于全球价值链的理论和实践发展，结合要素收益原理和价值分布规律曲线提出可通过高级要素集聚、培育和配置驱动制造业价值链升级。进一步结合当前的创新驱动发展、生产性服务业快速发展的现实，以及双循环发展格局和国内的供给侧结构性改革，从 R&D 投入和国外中间产品进口的 R&D 外溢所代表的高级要素培育和集聚、制造业投入生产性服务化水平所代表的高级要素培育和配置、妥善处置僵尸企业所代表的供给侧结构性改革，理顺国内要素的市场化配置机制，以有效配置和发挥高级生产要素的活力和动力，更好地嵌入国际分工体系。从集聚国外高级要素的角度，理论分析和实证研究 R&D 和外溢，制造业投入服务化水平对制造业 GVC 分工地位的影响并进行影响机制的建议，理论分析和实证研究僵尸企业对嵌入国际分工体系所代表的国外高级要素集聚的影响。因此，本书结合理论分析和全球价值链驱动机制，对有关影响制造业全球价值链升级的因素和影响机制进行全面研究，并注重异质性研究和稳健性检验，以使研究结果更有针对性和更可信。

因时间因素和有关数据不可获取等因素，课题组未能结合制造业的功能活动类型分析不同影响因素对不同功能活动类型下出口国内增加值和增加值率的影响，不能对制造业功能活动升级进行影响因素的实证研究和检验。课题组希望在本书的基础上，进一步结合投入产出技术和全球价值链增加值分解方法等，并结合有关数据，对制造业不同出口功能活动的影响因素进行分析和检验。

参考文献

[1] 陈国宏，郭弢．我国 FDI、知识产权保护与自主创新能力关系实证研究 [J]．中国工业经济，2008（4）：25－33.

[2] 程大中．中国参与全球价值链分工的程度及演变趋势——基于跨国投入—产出分析 [J]．经济研究，2015（9）：4－16.

[3] 程大中．中国生产性服务业的水平、结构及影响——基于投入—产出法的国际比较研究 [J]．经济研究，2008（1）：76－88.

[4] 戴觅，余淼杰，Maitra M.．中国出口企业生产率之谜：加工贸易的作用 [J]．经济学（季刊），2014（2）：675－698.

[5] 戴魁早，方杰炜．贸易壁垒对出口技术复杂度的影响——机制与中国制造业的证据 [J]．国际贸易问题，2019（12）：136－154.

[6] 戴翔，金碚．服务贸易进口技术含量与中国工业经济发展方式转变 [J]．管理世界，2013（9）：21－31.

[7] 戴翔，刘梦，张为付．本土市场规模扩张如何引领价值链攀升 [J]．世界经济，2017（9）：27－50.

[8] 戴翔，郑岚．制度质量如何影响中国攀升全球价值链 [J]．国际贸易问题，2015（12）：51－63.

[9] 戴翔．中国制造业出口内涵服务价值演进及因素决定 [J]．《经济研究》，2016（9）：44－57＋174.

[10] 戴翔．中国制造业国际竞争力——基于贸易附加值的测算 [J]．中国工业经济，2015（1）：78－88.

[11] 杜运苏．生产性服务业集聚与企业出口国内附加值率——来自

中国的经验证据［J］. 山西大学学报（哲学社会科学版），2020（5）：132－144.

［12］樊纲. 中国市场化指数［M］. 北京：经济科学出版社，2010.

［13］樊茂清，黄薇. 基于全球价值链分解的中国贸易产业结构演进研究［J］. 世界经济，2014（2）：50－70.

［14］樊秀峰，程文先. 中国制造业出口附加值估算与影响机制分析［J］. 中国工业经济，2015（6）：81－93.

［15］傅元海，叶祥松，王展祥. 制造业结构优化的技术进步路径选择——基于动态面板的经验分析［J］. 中国工业经济，2014（9）：78－90.

［16］高觉民，李晓慧. 生产性服务业与制造业的互动机理：理论与实证［J］. 中国工业经济，2011（6）：151－160.

［17］葛顺奇，罗伟. 跨国公司进入与中国制造产业结构——基于全球价值链视角的研究［J］. 经济研究，2015（11）：34－48.

［18］顾乃华. 生产性服务业对工业获利能力的影响和渠道［J］. 中国工业经济，2010（5）：48－58.

［19］郭晶. 基于企业异质性的增加值贸易核算研究综述［J］. 国际贸易问题，2016（9）：50－60.

［20］韩民春，袁瀚坤. 生产性服务业与制造业融合对制造业升级的影响研究——基于跨国面板的分析［J］. 经济问题探索，2020（12）：150－161.

［21］韩亚峰，赵叶. 自主研发、外部技术获取与创新价值链攀升［J］. 国际商务（对外经济贸易大学学报），2020（2）：142－156.

［22］韩颖，李丽君，花园园，孙志敏. 我国7个产业的产业间R&D溢出效应纵向比较分析［J］. 科学学研究，2010（4）：542－548.

［23］洪俊杰，商辉. 中国开放型经济的“共轭环流论”：理论与证据［J］. 中国社会科学，2019（1）：43－65＋206.

［24］洪银兴. 创新驱动攀升全球价值链中高端［J］. 经济学家，2017（12）.

［25］胡翠，谢世清. 中国制造业企业集聚的行业间垂直溢出效应研

究 [J]. 世界经济，2014 (9)：77-94.

[26] 黄繁华，姜悦，黄嘉雯. 服务业对全球价值链分工影响和异质性研究 [J]. 世界经济与政治论坛，2019 (5)：77-96.

[27] 黄群慧，倪红福. 基于价值链理论的产业基础能力与产业链水平提升研究 [J]. 经济体制改革，2020 (5)：11-21.

[28] 黄群慧，霍景东. 全球制造业服务化水平及其影响因素——基于国际投入产出数据的实证分析 [J]. 经济管理，2014 (1).

[29] 黄先海，郭晶. 中国出口国内增加值提升的来源：基于微观数据的结构分解 [J]. 国际贸易问题，2019 (10)：37-52.

[30] 黄先海，杨高举. 高技术产业的国际分工地位：文献述评 [J]. 浙江大学学报（人文社会科学版），2009 (6)：145-154.

[31] 黄先海，杨高举. 中国高技术产业的国际分工地位研究：基于非竞争型投入占用产出模型的跨国分析 [J]. 世界经济，2010 (5)：82-100.

[32] 黄先海，诸竹君，宋学印. 中国出口企业阶段性低加成率陷阱 [J]. 世界经济，2016a (3).

[33] 黄先海，诸竹君，宋学印. 中国中间品进口企业"低加成率之谜" [J]. 管理世界，2016 (7)：23-35.

[34] 江小涓，李辉. 服务业与中国经济：相关性和加快增长的潜力 [J]. 经济研究，2004 (1).

[35] 蒋灵多，陆毅，陈勇兵. 市场机制是否有利于僵尸企业处置：以外资管制放松为例 [J]. 世界经济，2018 (9)：121-145.

[36] 金祥荣，李旭超，鲁建坤. 僵尸企业的负外部性：税负竞争与正常企业逃税 [J]. 经济研究，2019 (12)：70-85.

[37] 阚大学，吕连菊. 僵尸企业对出口边际和出口附加值的影响——基于企业层面数据的实证检验 [J]. 国际商务（对外经济贸易大学学报），2020 (4)：32-47.

[38] 黎峰. 增加值视角下的中国国家价值链分工——基于改进的区域投入产出模型 [J]. 中国工业经济，2016 (3)：62-67.

[39] 李胜旗，毛其淋. 制造业上游垄断与企业出口国内附加值——

来自中国的经验证据［J］. 中国工业经济，2017（3）：101-119.

［40］李小帆，马弘. 服务业 FDI 管制与出口国内增加值：来自跨国面板的证据［J］. 世界经济，2019（5）：123-144.

［41］刘斌，王杰，魏倩. 对外直接投资与价值链参与：分工地位与升级模式［J］. 数量经济技术经济研究，2015（12）：39-56.

［42］刘斌，赵晓斐. 制造业投入服务化、服务贸易壁垒与全球价值链分工［J］. 经济研究，2020（7）：159-174.

［43］刘斌，魏倩，吕越，祝坤福. 制造业服务化与价值链升级［J］.《经济研究》，2016（3）.

［44］刘莉亚，刘冲，陈垠帆，周峰，李明辉. 僵尸企业与货币政策降杠杆［J］. 经济研究，2019（9）：73-89.

［45］刘明宇，芮明杰，姚凯. 生产性服务价值链嵌入与制造业升级的协同演进关系研究［J］. 中国工业经济，2010（8）：66-75.

［46］刘维刚，倪红福. 制造业投入服务化与企业技术进步：效应及作用机制［J］. 财贸经济，2018（8）.

［47］刘维林. 产品架构与功能架构的双重嵌入——本土制造业突破 GVC 低端锁定的攀升路径［J］. 中国工业经济，2012（1）：152-160.

［48］刘维林，李兰冰，刘玉海. 全球价值链嵌入对中国出口技术复杂度的影响［J］. 中国工业经济，2014（6）：83-95.

［49］刘维林. 中国式出口的价值创造之谜：基于全球价值链的解析［J］. 世界经济，2015（3）：3-28.

［50］刘志彪. 发展现代生产者服务业与调整优化制造业结构［J］. 南京大学学学报，2006，51（5）：36-44.

［51］刘志彪，张杰. 全球代工体系下发展中国家俘获型网络的形成突破与对策——基于 GVC 与 NVC 的比较视角［J］. 中国工业经济，2007（5）：39-47.

［52］刘志彪，张杰. 我国本土制造业企业出口决定因素的实证分析［J］. 经济研究，2009（8）：99-112+159.

［53］逯宇铎，戴美虹. 我国出口企业选择加工贸易的原因探究：生

产率和融资约束视角［J］. 当代财经，2014（10）：86－96.

［54］罗伟，吕越. 外商直接投资对中国参与全球价值链分工的影响［J］. 世界经济，2019（5）：49－73.

［55］罗长远，张军. 附加值贸易：基于中国的实证分析［J］. 经济研究，2014（6）.

［56］吕文晶，陈劲，刘进. 智能制造与全球价值链升级：海尔 COSMOPlat 案例研究［J］. 科研管理，2019（4）：145－156.

［57］吕越，包雅楠. 国内价值链长度与制造企业创新——兼论中国制造业的“低端锁定”破局［J］. 中南财经政法大学学报，2019（3）：118－127.

［58］吕越，吕云龙，包群. 融资约束与企业增加值贸易——基于全球价值链视角的微观证据［J］. 金融研究，2017（5）：63－80.

［59］吕越，盛斌，吕云龙. 中国的市场分割会导致企业出口国内附加值率下降吗［J］. 中国工业经济，2018（5）：6－24.

［60］吕越，罗伟，刘斌. 异质性企业与全球价值链嵌入：基于效率和融资的视角［J］. 世界经济，2015（8）：29－55.

［61］吕云龙，吕越. 制造业出口服务化与国际竞争力——基于增加值贸易的视角［J］. 国际贸易问题，2017（5）：25－34.

［62］毛其淋，许家云. 贸易自由化与中国企业出口的国内附加值［J］. 世界经济，2019（1）：3－25.

［63］毛其淋，许家云. 外资进入如何影响了本土企业出口国内附加值？［J］. 经济学（季刊），2018，17（4）：1453－1488.

［64］毛蕴诗，郑奇志. 基于微笑曲线的企业升级路径选择模型：理论框架的构建与案例研究［J］. 中山大学学报（社会科学版），2012（3）：162－174.

［65］倪红福，龚六堂，夏杰长. 生产分割的演进路径及其影响因素——基于生产阶段数的考察［J］. 管理世界，2016（4）：10－23.

［66］倪红福. 全球价值链测度理论及应用研究新进展［J］. 中南财经政法大学学报，2018（3）：115－126.

[67] 倪红福．全球价值链位置测度理论的回顾和展望［J］．中南财经政法大学学报，2019（3）：105－117.

[68] 倪红福．全球价值链中产业“微笑曲线”存在吗？——基于增加值平均传递步长方法［J］．数量经济技术经济研究，2016（11）：111－126.

[69] 潘辉，唐海燕，张会清．参与全球价值链分工如何影响制造业技术升级？——基于GVC分工对制造业技术升级影响机制的理论分析［J］．经济体制改革，2020（6）：115－122.

[70] 潘文卿，李跟强．中国制造业国家价值链存在“微笑曲线”吗?：基于供给与需求双重视角［J］．管理评论，2018（5）：19－27.

[71] 潘文卿，李子柰．中国沿海与内陆间经济影响的反馈与溢出效应［J］．经济研究，2007（5）：68－76.

[72] 潘文卿，王丰国，李跟强．全球价值链背景下增加值贸易核算理论综述［J］．统计研究，2015（3）：69－75.

[73] 潘文卿，李子奈，刘强．中国产业间的技术溢出效应：基于35个工业部门的经验研究［J］．经济研究，2011（7）.

[74] 裴长洪．我国对外贸易发展：挑战、机遇与对策［J］．经济研究，2005（9）：103－112.

[75] 彭徽，匡贤明．中国制造业与生产性服务业融合到何程度——基于2010—2014年国际投入产出表的分析与国别比较［J］．国际贸易问题，2019（10）：100－116.

[76] 彭水军，袁凯华，韦韬．贸易增加值视角下中国制造业服务化转型的事实与解释［J］．数量经济技术经济研究，2017（9）.

[77] 彭支伟，张伯伟．中国国际分工收益的演变及其决定因素分解［J］．中国工业经济，2018（6）：62－80.

[78] 彭支伟，张伯伟．中间品贸易、价值链嵌入与国际分工收益：基于中国的分析［J］．世界经济，2017（10）：23－47.

[79] 沈鸿，向训勇，顾乃华．全球价值链嵌入位置与制造企业成本加成——贸易上游度视角的实证研究［J］．财贸经济，2019（8）：83－99.

[80] 盛斌，陈帅．全球价值链如何改变了贸易政策：对产业升级的

影响和启示［J］. 国际经济评论，2015（1）：85－97.

［81］盛丹，王永进．中国企业低价出口之谜——基于企业加成率的视角［J］. 管理世界，2012（5）：8－23.

［82］苏庆义．中国省级出口的增加值分解及其应用［J］. 经济研究，2016（1）：84－113.

［83］谭语嫣，谭之博，黄益平，胡永泰．僵尸企业的投资挤出效应：基于中国工业企业的证据［J］. 经济研究，2017（5）：175－188.

［84］唐东波．贸易开放、垂直专业化分工与产业升级［J］. 世界经济，2013（4）：47－67.

［85］唐国锋，李丹．服务化对制造业转型升级的影响——基于重庆制造行业面板数据的实证分析［J］. 科技管理研究，2020（19）：130－139.

［86］唐海燕，张会清．产品内国际分工与发展中国家的价值链提升［J］. 经济研究，2009（9）：81－93.

［87］唐荣．产业政策促进企业价值链升级的有效性研究——来自中国制造企业微观数据的证据［J］. 当代财经，2020（2）：101－115.

［88］唐晓华，张欣钰．制造业与生产性服务业联动发展行业差异性分析［J］. 经济与管理研究，2016（7）：83－93.

［89］唐宜红，张鹏杨．中国企业嵌入全球生产链的位置及变动机制研究［J］. 管理世界，2018（5）：28－46.

［90］唐宜红，张鹏杨．FDI、全球价值链嵌入与出口国内附加值［J］. 统计研究，2017（4）：38－51.

［91］唐志芳，顾乃华．制造业服务化、全球价值链分工与劳动收入占比：基于 WIOD 数据的经验研究［J］. 产业经济研究，2018，16（1）：15－27.

［92］王海燕，郑秀梅．创新驱动发展的理论基础、内涵与评价［J］. 中国软科学，2017（1）：41－49.

［93］王岚，李宏艳．中国制造业融入全球价值链路径研究——嵌入位置和增值能力的视角［J］. 中国工业经济，2015（2）：76－88.

［94］王岚．融入全球价值链对中国制造业国际分工地位的影响［J］.

统计研究，2014（5）：17-23.

[95] 王永进，盛丹，施炳展，李坤望．基础设施如何提升了出口技术复杂度［J］．经济研究，2010（7）：103-115.

[96] 王永钦，李蔚，戴芸．僵尸企业如何影响了企业创新？——来自中国工业企业的证据［J］．经济研究，2018（11）：99-114.

[97] 王振国，张亚斌，单敬，黄跃．中国嵌入全球价值链位置及变动研究［J］．数量经济技术经济研究，2019（10）：77-95.

[98] 王振国，张亚斌，牛猛，钟源．全球价值链视角下中国出口功能专业化的动态变迁及国际比较［J］．中国工业经济，2020（6）：62-80.

[99] 王振国，牛猛，张亚斌．中国出口实现功能升级了吗——纳入功能分工的新视角［J］．国际贸易问题，2021（6）：1-16.

[100] 王直，魏尚进，祝坤福．总贸易核算法：官方贸易统计与全球价值链的度量［J］．中国社会科学，2015（9）：108-127.

[101] 魏浩，林薛栋．进口产品质量与中国企业创新［J］．统计研究，2017（34）：16-26.

[102] 吴云霞，马野驰．制造业投入服务化对价值链升级的影响：基于参与度和分工地位的双重视角［J］．商业研究，2020（2）：62.

[103] 夏杰长，倪红福．服务贸易作用的重新评估：全球价值链视角［J］．财贸经济，2017（11）：115-130.

[104] 肖宇，夏杰长，倪红福．中国制造业全球价值链攀升路径［J］．数量经济技术经济研究，2019（11）：40-59.

[105] 徐梦梦，陈钧浩．中国制造业服务化国际比较及影响因素研究——基于贸易附加值的视角［J］．科技与管理，2020（6）：39-48.

[106] 徐宁，皮建才，刘志彪．全球价值链还是国内价值链——中国代工企业的链条选择机制研究［J］．经济理论与经济管理，2014（1）：76-85.

[107] 许和连，成丽红，孙天阳．制造业投入服务化对企业出口国内增加值的提升效应——基于中国制造业微观企业的经验研究［J］．中国工业经济，2017（10）：64-82.

[108] 闫云凤. 全球价值链的嵌入机制与演进路径研究——基于中美生产链长度的比较 [J]. 经济学家, 2018 (2): 93 - 99.

[109] 闫云凤. 中国被锁定在全球价值链低端了吗? ——中美 GVC 位置与价值获取程度的比较 [J]. 西安交通大学学报 (社会科学版), 2019 (2): 33 - 42.

[110] 杨灿, 郑正喜. 产业管理效应测度理论辨析 [J]. 统计研究, 2014 (12): 11 - 19.

[111] 杨灿. 产业关联测度方法及其应用问题探析 [J]. 统计研究, 2005 (9): 72 - 75.

[112] 杨丹辉. 中国成为"世界工厂"的国际影响 [J]. 中国工业经济, 2005 (9): 42 - 49.

[113] 杨鹏, 张润强, 李春艳. 全球价值链理论与中国制造业转型升级——基于微笑曲线趋平的视角 [J]. 科技管理研究, 2020 (13): 189 - 195.

[114] 杨仁发, 刘勤玮. 生产性服务投入与制造业全球价值链地位: 影响机制与实证检验 [J]. 世界经济研究, 2019 (4).

[115] 姚洋, 张晔. 中国出口品国内技术含量升级的动态研究——来自全国及江苏省、广东省的证据 [J]. 中国社会科学, 2008 (2): 67 - 82.

[116] 叶祥松, 刘敬. 异质性研发、政府支持与中国科技创新困境 [J]. 经济研究, 2018 (9): 116 - 132.

[117] 尹静, 平新乔. 中国地区 (制造业行业) 间的技术溢出分析 [J]. 产业经济研究, 2006 (1).

[118] 尹伟华. 中国制造业参与全球价值链的程度与地位 [J]. 经济与管理研究, 2015 (8): 12 - 20.

[119] 尹伟华. 中美服务业参与全球价值链分工程度与地位分析: 基于最新世界投入产出数据库 [J]. 世界经济研究, 2017 (9): 120 - 131.

[120] 余典范, 张亚军. 制造驱动还是服务驱动? ——基于中国产业关联效应的实证研究 [J]. 财经研究, 2015 (6): 19 - 31.

[121] 余淼杰, 袁东. 贸易自由化、加工贸易与成本加成——来自我

国制造业企业的证据［J］. 管理世界，2016（9）.

［122］张红霞，冯恩民. R&D部门间溢出效应及中美日三国的比较分析［J］. 大连理工大学学报（社会科学版），2005（2）：17－22.

［123］张辉. 全球价值链理论与我国产业发展研究［J］. 中国工业经济，2014（5）：38－46.

［124］张会清，翟孝强. 中国参与全球价值链的特征与启示——基于生产分解模型的研究［J］. 数量经济技术经济研究，2018（1）：3－22.

［125］张杰，陈志远，刘元春. 中国出口国内附加值的测算与变化机制［J］. 经济研究，2013（10）：124－137.

［126］张杰，郑文平，陈志远. 进口是否引致了出口：中国出口奇迹的微观解读［J］. 世界经济，2014（6）：3－26.

［127］张鹏杨，唐宜红. FDI如何提高我国出口企业国内附加值？——基于全球价值链升级的视角［J］. 数量经济技术经济研究，2018（7）：79－96.

［128］张少军，刘志彪. 国内价值链是否对接了全球价值链——基于联立方程模型的经验分析［J］. 国际贸易问题，2013（2）：14－27.

［129］张文红，张骁，翁智明. 制造企业如何获得服务创新的知识？——服务中介机构的作用［J］. 管理世界，2010（10）：122－134.

［130］张幼文. 要素流动——全球化经济学原理［M］. 北京：人民出版社，2013.

［131］张艳，唐宜红，周默涵. 服务贸易自由化是否提高了制造业企业生产效率［J］. 世界经济，2013（11）.

［132］赵春明，江小敏，李宏兵. 对外直接投资、产业关联与技能工资溢价——基于水平溢出与垂直溢出效应的实证研究［J］. 国际贸易问题，2019（2）：113－128.

［133］赵晓男，代茂兵，郭正权. 科技创新与中国产业结构升级，经济与管理研究［J］. 2019（7）：61－74.

［134］郑丹青，于津平. 中国出口贸易增加值的微观核算及影响因素研究［J］. 国际贸易问题，2014（8）：3－13.

[135] 郑健壮，朱婷婷，郑雯好．价值链曲线真的是“微笑曲线”吗？基于7个制造业细分行业的实证研究［J］．经济与管理研究，2018（5）：61－68.

[136] 郑江淮，郑玉．新兴经济大国中间产品创新驱动全球价值链攀升——基于中国经验的解释［J］．中国工业经济，2020（5）：61－79.

[137] 郑乐凯，王思语．中国产业国际竞争力的动态变化分析——基于贸易增加值前向分解法［J］．数量经济技术经济研究，2017（12）：111－127.

[138] 郑玉，戴一鑫．全球价值链背景下制造业投入服务化对产业国际竞争力的提升效应——基于跨国—行业面板数据的经验研究［J］．财经论坛，2018（10）：3－10.

[139] 郑正喜．开放经济下的产业关联效应测度——基于非竞争型和区域间产业关联理论的改进认识［J］．统计研究，2015（8）：27－36.

[140] 周茂，陆毅，符大海．贸易自由化与中国产业升级：事实与机制［J］．世界经济，2016（10）：78－102.

[141] 周升起，兰珍先，付华．中国制造业在全球价值链国际分工地位再考察——基于Koopman等的“GVC地位指数”［J］．国际贸易问题，2014（2）：3－12.

[142] 朱平芳，项歌德，王永水．中国工业行业间R&D溢出效应研究［J］．经济研究，2016（11）：44－55.

[143] 朱平芳，徐伟民．政府的科技激励政策对大中型工业企业R&D投入及其专利产出的影响［J］．经济研究，2003（6）.

[144] 诸竹君，黄先海，余骁．进口中间品质量、自主创新与企业出口国内增加值率［J］．中国工业经济，2018（8）：118－136.

[145] 诸竹君，黄先海．中国出口跨越了“低加成率陷阱”吗？［J］．国际贸易问题，2020（5）：14－27.

[146] 祝树金，罗彦，段文静．服务型制造、加成率分布与资源配置效率［J］．中国工业经济，2021（4）：62－80.

[147] 祝树金，金小剑，赵玉龙．进口产品转换如何影响出口国内增

加值 [J]. 国际贸易问题, 2018 (11): 1 – 16.

[148] Antra's P., Chor D., Fally T., Hillberry R., Measuring the Upstreamness of Production and Trade Flows [J]. American Economic Review, 102 (3), PP412 – 416, 2012.

[149] Coe D. T. and Helpman E., "International R&D spillovers", European Economic Review, Vol. 39, PP859 – 887, 1995.

[150] Coe D. T. and Helpman E., "North – South Spillovers", Economic Journal, Vol. 107, PP134 – 149, 1997.

[151] Cohen, W. M., and Levinthal, D. A., "Absorptive Capacity: A New Perspective on Learning and Innovation", Administrative Science Quarterly, PP128 – 152, 1990.

[152] Cohen, W. M., and Bessant, J., Kaplinsky, R., and Lamming, R., "Putting Supply Chain Learning into Practice", International Journal of Operations and Production Management, Vol. 23 (2), PP167 – 184, 2002.

[153] Cohen, W. M., Nelson, R. R., Walsh, J. P., "Links and impacts: the influence of public research on industrial R&D", Management Science Vol. 48, Jan., PP1 – 23, 2002.

[154] Frantzen, D., "R&D, Human Capital and International Technology Spillovers: A Cross – Country Analysis", Scandinavian Journal of Economics, Vol. 102 (1), PP57 – 75, 2000.

[155] Gereffi, G., "International Trade and Industrial Upgrading in the Apparel Commodity Chain", Journal of International Economics, Vol. 48 (1), PP37 – 70, 1999.

[156] Hall, B. H., Jaffe, A., Trajtenberg, M., "The NBER patent citations data file: Lessons, insights and methodological tools", NBER Working Paper, No. 8498, 2001.

[157] Rodrik, Dani, "What's So Special about China's Exports?" [J]. China and World Economy, Vol. 14 (5), PP1 – 19, 2006.

[158] Antra's P., Chor, D., On the Measurement of Upstreamnes and

Downstreamnes in Global Value Chains [Z]. CEPR Discusion Papers, No. 12549, 2017.

[159] Bhagwati J., Ramaswami V. K.. Domestic Distortions, Tariffs and the Theory of Optimum Subsidy [J]. Journal of Political Economy, 1963, 71 (1): 44 -50.

[160] Coe D. T., Helpman E. and Hoffmaister A., "International R&D spillovers and institutions", European Economic Review, Vol. 53, PP 723 - 741, 2009.

[161] Cohen, W. M., Nelson, R. R., Walsh, J. P., "Protecting Their Intellectual Assets: Appropriability Conditions and Why U. S. Manufacturing Firms Patent (or not)", NBER Working paper, No. 7552, 2000.

[162] Connolly, M. P., "The Dual Nature of Trade: Measuring its Impact on Imitation and Growth", Discussion Paper, No. 31, Duke University, Economics Department, Durham, NC, 2001.

[163] Costinot A., Rodriguez - Clare A.. Trade Theory with Numbers: Quantifying the Consequences of Globalization [R]. NBER Working Paper, 2013.

[164] Dietzenbacher, E., B. Los, R. Stehrer, M. Timmer, and G. de Vries. "The Construction of World Input - Output Tables in the WIOD Project" [J]. Economic Systems Research, Vol. 25 (1): 71 -98, 2013.

[165] Dietzenbacher, E., Romero, I. R., Bosma, N. S., "Using Average Propagation Lengths to Identify Production Chains in the Andalusian Economy" [J]. Estudios de Economía Aplicada, Vol. 23, PP405 -422, 2005.

[166] Fally, T., Production Staging: Measurement and Facts [Z]. University of Colorado, 2012.

[167] Francois, J. and J. Woerz, J., "Producer services, Manufacturing linkages, and Trade", Journal of Industry, Competition and Trade, Vol. 8, No. 3, pp. 199 -229, 2008.

[168] Frantzen, D., "Intersectoral and International R&D Knowledge

spillovers and Total Factor Productivity", Scottish Journal of Political Economy, Vol. 49, Mar., PP280 - 303, 2002.

[169] Gereffi, G., J. Humphrey, and T. Sturgeon., "The Governance of Global Value Chains" [J]. Review of International Political Economy, 12 (1): 78 - 104, 2005.

[170] Ginarte, J. C, Park, W. G., "Determinants of patent rights: A cross - national study", Research Policy, Vol. 26, PP283 - 301, 1997.

[171] Greenaway, D., Hine, Robert C. and Wright, P., "An Empirical Assessment of the Impact of Trade and Employment in the United Kingdom", European Journal of Political Economy, Vol. 15 (3), PP485 - 500, 1999.

[172] Griliches Z., "Issues in assessing the contribution of research and development to productivity growth", The Bell Journal of Economics, Vol. 10. Jan, PP92 - 116, 1979.

[173] Griliches, Z., "Patent statistics as economic indicators: a survey", Journal of Economic Literature Vol. 28, Apr., PP1661 - 1707, 1990.

[174] Grossman G. M. and Helpman E., "Trade, Knowledge Spillovers, and Growth", NBER Working Paper, No. 3485, 1990.

[175] Grossman G. M. and Helpman, E., "Quality Ladders and Product Cycles", The Quarterly Journal of Economics, Vol. 106 (2), May, PP557 - 586, 1991.

[176] Grossman G. M. and Helpman, E., "Quality Ladders in the Theory of Growth", The Review of Economic Studies, Vol. 58, Jan., PP43 - 61, 1991.

[177] Hall, B. H., Jaffe, A., Trajtenberg, M., "Market value and patent citations", Rand Journal of Economics, Vol. 36, Jan., PP16 - 38, 2005.

[178] Hsieh C. T., Klenow P. J.. Misallocation and Manufacturing TFP in China and India [J]. The Quarterly Journal of Economics, 2009, 124 (4): 1403 - 1448.

[179] Hummels, David, Ishii Jun, and Yi Kei - Mu, "The Nature and

Growth of Vertical Specialization in World Trade", Journal of International Economics, Vol. 54 (1), PP75 -96, 2001.

[180] Inomata, S. A New Measurement for International Fragmentation of the Production Proces: An International Input—Output Approach [Z]. IDE Discusion Paper, No. 175, 2008.

[181] Jaffe A. B., "Technological opportunity and spillovers of R&D: Evidence from firm's Patent, profits and market value", The American Economic Review, Vol. 76, May, PP984 -1001, 1986.

[182] Jaffe, A. B., and Trajtenberg, M., "International Knowledge Flows: Evidence from Patent Citations", NBER Working Paper, No. 6507, 1998.

[183] Javorcik B. S.. Does Foreign Direct Investment Increase the Productivity of Domestic Firms? In Search of Spillovers through Backward Linkages [J]. American Economic Review, 2004, 94 (3): 605 -627.

[184] Johnson, R. C., and G. Noguera, "Accounting for Intermediates: Production Sharing and Trade in Value Added", Journal of International Economics, 86 (2), pp224 -236, 2012.

[185] Kaplinsky, R., A. Terheggen., and J. Tijaja. China as a Final Market: The Gabon Timber and Thai Cassava Value Chains [J]. World Development, 2011, 39 (3): 1177 -1190.

[186] Kee H. L., Tang H.. Domestic Value Added in Exports: Theory and Firm Evidence from China [J]. The American Economic Review, 2016, 106 (6): 1402.

[187] Kee, H. L., and H. Tang. Domestic Value Added in Exports: Theory and Firm Evidence from China [J]. American Economic Review, 2016, 106 (6): 1402 -1436.

[188] Kogut, B. Designing Global Strategies: Comparative and Competitive Value -added Chains [J]. Sloan Management Review, 1985, 26 (4).

[189] Koopman, R., Z. Wang, and S. J. Wei, "How Much of Chinese Exports is Really Made In China? Assessing Domestic Value -Added When Pro-

cessing Trade is Pervasive", NBER Working Paper No. 14109, 2008.

[190] Koopman, Robert, Z Wang, S J Wei, "Estimating Domestic Content in Exports When Processing Trade is Pervasive", Journal of Development Economics Vol. 99, PP178 - 189, 2012.

[191] Koopman, Robert, Zhi Wang and Shang - Jin Wei, "Tracing Value - Added and Double Counting in Gross Exports", American Economic Review, Vol. 104 (2), PP459 - 494, 2014.

[192] Koopman, W Powers, Z Wang, S J Wei, "Give Credit Where Credit Is Due: Tracing Value Added in Global Production Chains" [Z], NBER Working Paper, No. 16426, 2010.

[193] Krugman Paul R., "A Model of Innovation, Technology Transfer and the World Distribution of Income", Journal of International Economics, Vol. 9, PP469 - 479, 1979.

[194] Lee, G., "The Effectiveness of International Knowledge Spillover Channels", European Economic Review, Vol. 50, PP2075 - 2088, 2006.

[195] Lee, G., "Direct versus Indirect International R&D Spillovers", Information Economics and Policy, Vol. 17, PP334 - 348, 2005.

[196] Manova K., Yu Z.. Firms and credit constraints along the global value chain: Processing trade in China [R]. NBER Working Paper No. 18561, 2012.

[197] Nishioka, S., and M. Ripoll. Productivity, "Trade and the R&D Content of Intermediate Inputs" [J]. European Economic Review, Vol. 56 (8), PP1573 - 1592, 2012.

[198] Park, J., "International and International R&D Spillovers in the OECD and East Asian Economies", Economic Inquiry, Vol. 42 (4), Oct., PP739 - 757, 2004.

[199] Park, J., "International Student Flows and R&D Spillovers", Economics Letters, Vol. 82, March, PP315 - 320, 2004.

[200] Poncet, S., and F. Waldemar., "Export Upgrading and Growth:

The Prerequisite of Domestic Embeddedness" [R]. CEPII Working Paper, 2012.

[201] Porter., Competitive Advantage: Creating and Sustaining Superior Performance [M]. New York: The Free Press, 1985.

[202] Timmer, M. P., A. A. Erumban, B. Los, R. Stehrer, and G. J. de Vries., "Slicing up Global Value Chains" [J]. Journal of Economic Perspectives, Vol. 28 (2), PP99 - 118, 2014.

[203] Timmer, M. P., E. Dietzenbacher, B. Los, R. Stehrer, and G. J. de Vries., "An Illustrated User Guide to the World Input - Output Database: The Case of Global Automotive Production" [J]. Review of International Economics, Vol. 23 (3), PP575 - 605, 2013.

[204] Upward, Richard, Zheng Wang, and Jinghai Zheng, "Weighing China's Export Basket: The Domestic Content and Technology Intensity of Chinese Exports", Journal of Comparative Economics, Vol. 41, PP527 - 543, 2013.

[205] Wang Z., Wei S. J., Zhu K.. Quantifying International Production Sharing at The Bilateral and Sector Levels [R]. NBER Working Paper No. 19677, 2013.

[206] Wang, Z., S. J. Wei, and K. F. Zhu., Quantifying International Production Sharing at the Bilateral and Sector Levels [R]. NBER Working Paper, 2014.

[207] Wang, Z., S. J. Wei, X. D. Yu, et al., Characterizing Global Value Chains: Production Length and Upstreamness [R]. NBER Working Paper, 2017.

[208] Xing, Y. and D. Neal. How the iPhone Widens the United States Trade Deficit with the People's Republic of China [R]. ADBI Working Paper, 2010.